言いたいことを1分にまとめる技術

Yamamoto Akio
山本昭生

まえがき

本書を手にされたあなたは、「どうしたら、話がうまくなるんだろう」と思われているのではないでしょうか。

私は、20年以上前から、社会人向けの研修や講演で、**「1分間に話をまとめる」「1分で伝える」「1分で話す」**などの方法を、年間で最大3000人以上のビジネスパーソンに伝えてきました。

そのような場では、話し方に関する悩みも聞いてきました。


「〝要するに、何が言いたいのかわからない〟と言われる」

「話しが長い、くどいと言われることが多い」

「一方的な話し方になって伝わらない。相手に伝わる話し方のコツを学びたい」

「会議で、明快な発言ができるようになりたい」

「簡潔で、短い話し方ができるようになりたい」……などなど

いかがでしょうか。共感するものがありましたか。

このような悩みを解決すべく、本書は、２つのポイントを軸に、話し方の技術を解説しています。

まず１つ目のポイントは、**「相手の身になって考え、相手の身になって話す」**こと。

これは、第１章「まずは、相手目線で考える」で詳しく触れます。

話し方が上達するためには、もちろん技術（テクニック）も必要ですが、技術だけを追求するのではなく、その前提として、「相手の身になる」気持ちが大切であり、それが、結果として「話し方のコツを習得するための近道」になります。

２つ目のポイントは、**「１分間にまとめて話す」**話し方の技術で、すべての話し方の基本になります。

これについては、第２章で「１分話法」というテクニックを中心に、**「スッキリ法」「コンパクト三部構成法」「三角シナリオ法」**といった、話し方の基本を解説していきます。

また、話し方には状況に合わせたコツや言葉以外の表現、緊張を防ぐための準備も大切です。この点については、第３章〜第５章で解説していきます。

この１冊で、仕事や日常で使える話し方の心得と方法が身につくように構成しました。

なお、本書は２００９年に株式会社話し方研究所会長の福田健先生に監修のご協力をいただき刊行された『話し方超整理法』の新装改訂版です。

前作が発売されてから約10年が経過し、コミュニケーションのあり方の変化に伴い、今の時流に合った「短く、わかりやすく伝えること」について改めて考え、本書の編集、加筆をいたしました。

「話し上手」というのは、決して流暢に、スラスラと話すことだけを意味しているわけではありません。極端なことを言うと、手が震えていたり、汗びっしょりになったりしても、「伝わるように話そう」「わかってもらおう」という思いや熱意を持って話せば、それも、上手に伝わる話し方、人に好かれる話し方であると私は考えています。

話し方ひとつで「仕事ができる人だ」「信頼できる人だ」と評価が変わります。

本書によって、話すことが「苦手」から「強み」「武器」に変わることを願っています。

山本《やまもと》昭生《あきお》

まえがき

第1章 まずは、相手目線で考える

第2章 「1分」を意識すれば言いたいことが一気にまとまる

第3章 状況に合った話し方を身につける

第4章 相手の五感を刺激すると、もっと伝わる

第5章 失敗を限りなくゼロにする準備力

話し方のセルフ診断表

まずは、自分の話し方の癖を、次の**セルフ診断表**を使って知りましょう。話し方が上達するためには、「相手の身になること（チェック1）」「話し方の技術を身につけること（チェック2）」がポイントです。

この2つのチェックリストで、「話すときの何が苦手なのか」がわかり、より効果的に伝わる話し方を身につけることができるので、ぜひ、チェックしてお役立てください。

本書を読む前と、読んだ後の違いを確認することもおすすめします。

セルフ診断表　チェック1

	診断項目	いつも	おおむね	ときどき	めったに
コミュニケーションセンス	1.相手の身になって考えることができている				
	2.会話を独占してしまうことはない				
	3.話す割合と聞く割合を意識している				
	4.伝えるではなく、伝わるように話している				
	5.相手との人間関係づくりを大切にしている				
	6.相手を尊重し、肯定的に表現している				
	7.共感的な言葉と態度で話している				
	8.話し以外の見た目も意識できている				
	9.話の効果は聞き手が決めることを理解している				
	10.聞き手を飽きさせないようにできている				
	合計点⇒				

◆いつもそうだ　4点　◆おおむねそうだ　3点
◆ときどきそうだ　2点　◆めったにしない　1点

セルフ診断表　チェック2

	診断項目	いつも	おおむね	ときどき	めったに
話し方	① 話の冒頭で、聞き手を引きつけるようにしている				
	② 大きな声で、はっきり話している				
	③ ゆっくり、ちょうどよい速度で話している				
	④ 全体的にアイコンタクトをしている				
	⑤ 話す姿勢、態度がきちんとしている				
	⑥ こわばった表情ではなく、笑顔で話している				
	⑦ 声に抑揚、メリハリがきいている				
	⑧ 気持ちをのせてイキイキと話している				
	⑨ 山場を強調（対比、反復など）している				
	⑩ 手ぶり、身ぶりが邪魔になっていない				
	⑪「あのー」「えー」などの癖は出ていない				
	⑫ 間がとれている				
	⑬ 聞き手の反応を確かめながら話している				
内容構成	⑭ 事前準備を入念にしている				
	⑮ 何のための話か、目的を明確にしている				
	⑯ 余計な前置き、言い訳をしないようにしている				
	⑰ 言いたいことを、ひとことで表現できるようにしている				
	⑱ 内容を整理して、構成が明確になっている				
	⑲ あれもこれもと盛り込みすぎないようにしている				
	⑳ 最初にアウトライン（概要）を提示するようにしている				
	㉑ 話の場面に合わせた内容構成にしている				
	㉒ 内容が抽象的ではなく、具体的になっている				
	㉓ 聞き手の理解度、問題意識などを調べている				
	㉔ 専門用語、略号を使わないようにしている				
	㉕ 最後に、記憶に残るひとことを残すようにしている				
	合計点⇒				

◆いつもそうだ　4点　◆おおむねそうだ　3点
◆ときどきそうだ　2点　◆めったにしない　1点

ブックデザイン／鈴木大輔・江﨑輝海・仲條世菜（ソウルデザイン）
本文イラスト／高垣内久未
本文ＤＴＰ／一企画

第1章 まずは、相手目線で考える

1 伝わる話し方の心構え

話し方の「土台」、持っていますか？

◎相手の身になって話すこと

「まえがき」でもふれましたが、話し方の極意は、「相手の身になって考え、相手の身になって話すこと」です。

相手の身になるとは、たとえば親が子どもの立場に、子が親の立場に、上司が部下の立場に、部下が上司の立場になることです。

誰かと話をするときには、**話し手が聞き手の立場になって考え、話すことが重要です。**

実行するのは、なかなか難しいことですが、相手の身になることは、話し方の技術を習得するための土台であり、近道と言えます。

「相手の身になること」が大前提

◎話は相手の心に届いてはじめて成立する

話し方の講座や研修で、「話し方のテクニックを学びたい」「話し方のコツを習得したい」という声を聞くことが多くあります。

たしかに、「話し方のテクニックやコツの習得」は必要なことですし、その気持ちもよくわかります。

しかし、話すということは、感情の動物である人間どうしのやりとりですから、テクニックやコツを習得するだけではうまくいきません。相手の身になることをおろそかにしてしまうと、話の内容は理解してもらえたとしても、**「相手の心に届かない」「納得してもらえない」「本当にわかってほしいポイントが伝わらない」**ことが決して少なくありません。

これは30代後半のAさんから聞いた話です。

Aさんは、若い頃から論理的な話を好む人でした。学生時代は、同じタイプの人とかかわることが多く、いつも論理的できちんとした話し方をしていました。

社会人になってからも、いわゆる「話し方」のハウツー本を読みあさり、話し方のスキルアップを心がけました。

ところが、数年たった頃、

「言っていることはわかるんだけど……」

「わかりやすいけど、理屈っぽいんだよね……」

「自分の言いたいことばかりで、自己中心的……」

などと言われることがしばしばありました。

学生時代は受け入れられていた話し方が、年齢も専門も異なる社会人の集まりのなかでは受け入れられないことにAさんはショックを受けました。

ハウツー本を読みあさって、自分の強みと思っていたことが、まだ本物の〝強み〟になっていなかったと気づいたのは、社会人になって10年を過ぎた頃だったそうです。

もちろん、Aさんのように、技術やコツを学ぶことは大切です。

しかし、技術やコツを学ぶ前提として、相手の身になる気持ちを持っているかどうかで、**話し方の向上や改善、それらの効果が大きく異なります。**

話す力の向上イメージ

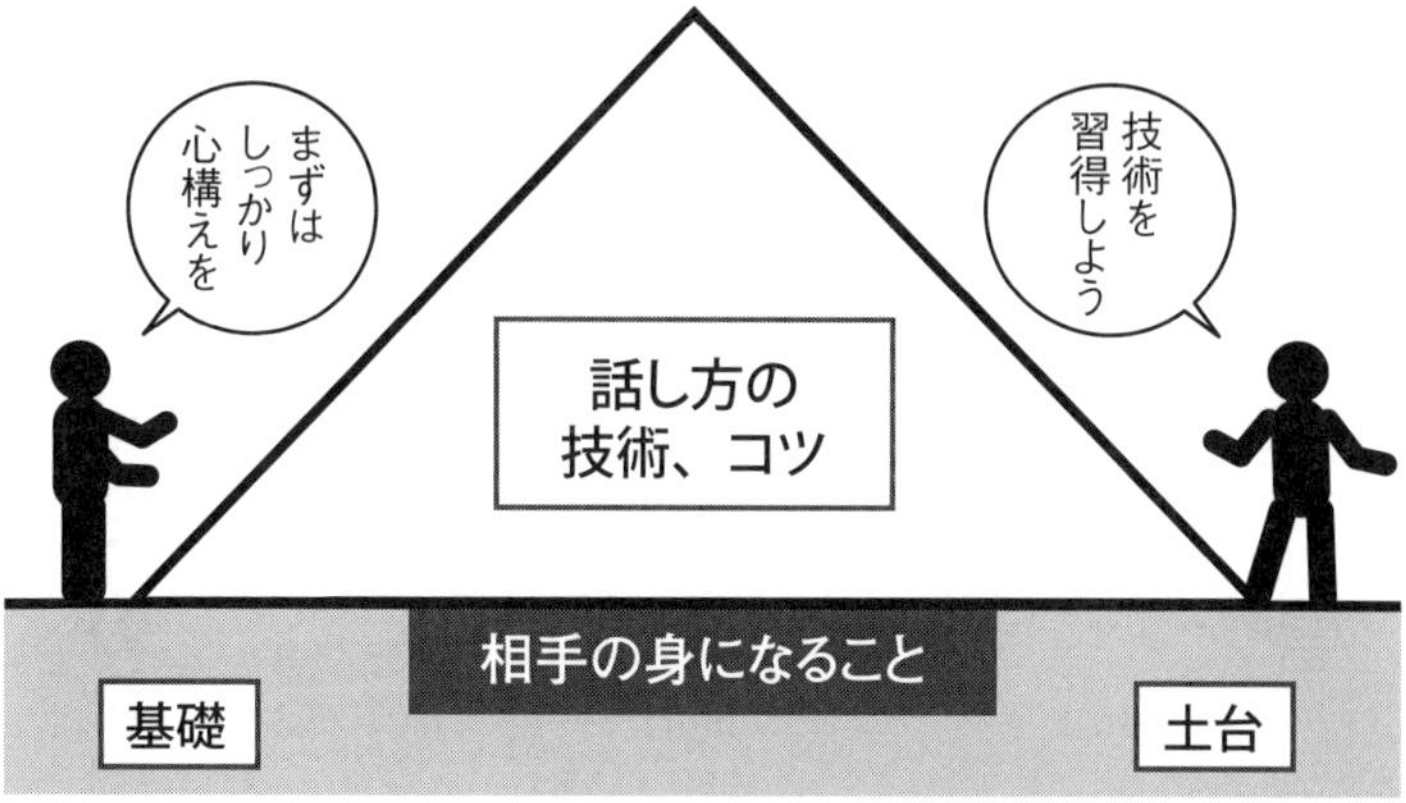

上の図に示したように、「相手の身になる」とは技術やコツを支える基礎、土台であり、スポーツで言えば、基礎体力のようなものです。

相手の身になることをおろそかにすることは、基礎体力をつけないで、スポーツの技術だけを学ぼうとするのに等しいと言えます。

スポーツでも技術を学べば、最初は記録がよくなりますが、基礎体力がないと、多くの場合、壁にぶつかり、原点に戻って基礎体力の強化からやり直すという話はよく聞きます。

つまり、話し方の技術だけを鍛えても、**伝わる話し方**にはならないのです。そのため、まず、相手の身になる意識を強く持って、土台となる基礎固めをすることが、**話し上手になる近道です。**

「立場」と「時間」の２つの視点で考える

◎まず、相手中心の意識を強く持つ

相手なくしては成立しない仕事のひとつとして、芸人、タレントと言われる職業があります。

ネタの準備、完成した芸の練習、本番など、すべての場面で、最優先で意識しなければならないのは、聞いてくれるお客様の反応です。

ウケた、ウケなかった、すべったなどが明確な形で表れますので、否応なしに相手の反応を意識せざるを得ません。

これは学生や社会人でも同様です。**相手あっての話し方であり、コミュニケーションであるはずです。**

ただ、私たちは芸人やタレントの方ほど、相手の身になることを感じる場面は少ないと思いますが、彼らの半分でも相手を意識するように心がけたいものです。

◎相手を意識するためには「両面思考」を心がける

相手を意識する方法のひとつとして、自分の意見、考え方だけではなく、相手側の立場になって考えるディベート的な思考があります。

たとえば、「歩きタバコは禁止すべき」という論題のディベートがあったとします。いくら自分が歩きタバコ禁止に反対だとしても、ディベートで、「賛成する側」になった場合、「歩きタバコ禁止に賛成」と主張しなければなりません。

自分の本音の主張とは反対の主張を考えなければなりませんので、ディベートの訓練をすると、「両面から考える（両面思考または複眼思考）力」が身につきます。

実際の仕事や地域、家庭など、どのような場面でも、この**「両面から考える習慣」**を身につけると、多面的な話ができるようになると同時に、自己中心的な考え方から、「相手の身になって考える」ことが自然とできるようになります。

◎話し手と聞き手の「時間感覚」を近づける

あなたは、人の話を聞いているときに、「この人の話は長いな」とか、「くどいな」と感じることはありませんか。

では、「〝長いな〟と思った人の話の時間」と「〝ちょうどよい〟と思った人の話の時間」

を測定してみてください。

おそらく、「え！　自分も話の長い人と同じくらい話してる！」と思われる方が多いと思います。

このように、知らないうちに自分（話し手）の時間感覚を聞き手に押しつけてしまっているケースは少なくありません。

聞き手の時間感覚を意識すること、これも相手の身になるために必要なポイントです。

聞き手になると、私たちは話の終わりまで真剣に聞けないものです。８割、９割の人が途中で聞かなくなる傾向があります。あなたはいかがでしょうか。

話し手は、〝聴いてもらおう〟という思いから、丁寧に時間をかけて話をしてしまいますが、聞き手側からすると、「勘弁してよ、もういいよ」「何が言いたいのかわからない。もっと簡単に話してよ」と思われてしまうのが現状です。

そうならないためには、「話を１分にまとめて、１分で伝える」ことを実行するのが大切です。それができれば、**「伝達力、伝える力」**が一気に高まり、あなたの評価も上がります。

2 相手の身になることはイイことだらけ

相手の身になれば、話し方の技術が勝手に磨かれる

◎相手の身になることで反面教師としての学びもある

相手の身になるだけでも、話し方は上達しますが、さらに伝わりやすい話し方を目指すには、「相手の身になること」と「技術・コツ」の両方を習得する必要があります。

相手の身になって考えると、「こうしたほうがよい」「こうしてはいけない」ということが見えてきます。

聞き手の視点に立って、やってはいけないことの具体例を考えてみると、次から次へと出てきます。

▼小さな声や早口　↓　聞きとりにくく、聞いていて疲れる
▼話すスピードが遅すぎる　↓　テンポが悪く、眠くなる
▼声が大きすぎる　↓　威圧的に感じる
▼前置きが長い　↓　結論が見えず、飽きてしまう
▼長い話　↓　〝苦痛〟という悪いイメージを与える
▼整理されていない話　↓　どこがポイントかわかりにくい

自分が聞き手のときには、話し手に対して、自然とこのような点を評価して聞いています。

逆に言えば、自分が話し手のときに、右記の点を、**「やってはいけないこと」と考えて対処する方法も、技術やコツ**になると言えます。

話し方の技術は、お辞儀の作法で考えても同様のことが言えます。

たとえば、「心の底から感謝をしている」場合や「本当に申し訳ない気持ちで謝る」場合は、おのずと腰が曲がり、頭が下がります。

それを技術やコツにすると、「最敬礼は、45度の角度」となるわけです。

「やってはいけない話し方」5つの例

話すスピードが、遅すぎると眠くなる

小さな声や早口では聞き取りにくく、聞いていて疲れる

声が大きすぎると威圧的に感じる

整理されていない話は、どこがポイントかわかりにくい

・前置きが長いと飽きてしまう
・長い話を聞くのは苦痛だ

このように、「相手の身になること」を強く意識すると、「こうしたほうがよい」という**「技術やコツが、あとからついてくる」**ことがわかっていただけるでしょう。

前述したように技術やコツという「知識としての記憶」は、忘れたり、消えたりしていきますが、気持ちや心構えというのは、一度身につくと忘れにくいものです。

それゆえ、気持ちや心構えに支えられていない技術は、一過性のものとも言えます。

話し方上達への近道は、「マインド（気持ち・心構え）＋技術」の両方を極めることです。

相手の身になれば、まわりから好かれ、話が伝わりやすくなる

相手の身になることによる効果は、大きく2つあります。

1つは**「相手とのかかわり合いに関する効果」**、もう1つは**「話し方の基本技術としての効果」**です。

相手とのかかわり合いに関する効果

相手に与える効果	❶ 好感・好印象を持ってもらえる ❷ 理解・納得してもらいやすくなる ❸ 人間関係がよくなる ❹ 信頼される
自分への効果	❺ 相手のことが見えてきて、相手の考えを深く知ることができる ❻ 自分の立場だけではなく、相手の立場になって考えるので思考が広がり、両面思考、複眼思考が身につく ❼ 自分本位ではなくなるので、話が伝わりやすくなる

◎相手とのかかわり合いに関する効果

私たちは、相手が自分の身になって、心配りをしてくれたり、話を聞いて受け入れてくれたりすると、うれしくなって、たとえば、「Aさんて、いい人だな」と思います。それを自分から実行すれば、相手の人がまず自分に好印象を持ってくれます。

すなわち、「相手とのかかわり合いに関する効果」には「相手に与える効果」と「自分への効果」の両面があるのです。具体的な内容は上の表のようになります。

◎話し方の基本技術としての効果

相手の身になることによる効果を、「話の内容面」「態度、表情の面」「声の大きさや速度の面」からみてみましょう。

①話の内容面での効果（理解・納得が得られる）

▼自分本位の一方的な内容ではなく、相手を考えた内容にすると、相手が受け入れやすい、理解、納得しやすい内容に近づく

▼さらに、「相手にわかりやすく」という意識で整理されるので、話がわかりやすく改善される

②態度、表情の面での効果（見た目が内容を邪魔しなくなる）

▼相手からどう見られているかを意識することにより、印象が改善される

▼せっかくわかりやすい話なのに、「なんか横柄な人だよね」「自信がなさそう」などといった悪い影響が出ないので、話の内容がきちんと伝わるようになる

③声の大きさや速度の面の効果（聞きもらしや誤解がなくなる）

▼相手の身になって、適度な大きさの声で、ゆっくりと、相手に伝わるように話すと、聞き取りにくいなどの相手に対する余計な負担が軽くなる

話し方の基本技術としての効果

効果の要素	自己中心的、自己満足的な話の場合		相手の身になった話の場合
内容	一方的な内容	⇨	相手を考えた内容
	くどい話		すっきりした話（内容を整理）
態度	自信がなさそうな態度	変化	きちんとした態度
表情	無表情、暗い表情		にこやか、明るい
声の大きさ	小さい声で聞き取れない、大きすぎて、威圧感のある口調	⇨	適度な大きさ、はっきりした口調
話す速度	早口		ゆっくり、落ち着いた速度
話しぶり	抑揚のない平板な話	⇨	メリハリのある、熱意のある話

▼その結果、内容に集中して聞いてもらえるので、聞きもらしや誤解が少なくなる

　以上を、「自己中心的・自己満足的な話の場合」と「相手の身になった話の場合」を比較すると上の表のようになりますので、チェックしてみてください。

3 相手の身になることを習慣化する

人は誰もが「自己中」だと心得る

◎一方通行な話し方は百害あって一利なし

夫が帰宅してテーブルに座って、「あれ」と言えば、お茶が出てきて、「それから……」と言えば、新聞が出てくることが当たり前という時代がありました。

これは、すでに過去の話になっていると思います。

今、そんなことをしたら、奥さんから、「〝あれ〟とか〝それから〟と言われても、私は、あなたではないのだから、ちゃんと言ってよ。まったく自分のことしか考えていないのだから……」と言われてしまいます。

しかし、このような話は、仕事の場面では、今もまだ見られることです。

たとえば、上司と部下のやりとりで、

「例のやつだけど……」

「例のやつですか？」

「そうそう、例のあの件だよ」

というようにです。


このような自分本意の会話は、仕事だけでなく、男女間にもあるのではないでしょうか。

私の友人が奥さんとドライブをしたときの話です。

助手席の奥さんが、「あなた、ほら、あそこに咲いているお花を見て！」と、助手席側の窓から見えている景色を指差したそうです。

運転している友人の席からその花は見えないので、「そんなところを見ていたら、脇見運転になってしまうよ」と言ったそうです。

すると奥さんから、「せっかくきれいなお花なのに、なんで見てくれないの？」と言われたとのことでした（ちなみに、友人の奥さんは免許証を持っていらっしゃるそうです）。

人は悪気がなくても、自己中心的なところがあります。それゆえ〝本質的に自己中心的なのだ〟ということを認識して、**相手の身になる努力を継続する**ことが大切です。

「話し方」の自己中心度チェック

「話し方」の自己中心度チェック	チェック欄
本質的に自分中心で考えてしまう傾向がある	
自分の考えは、相手と同じだと思い込んでしまう	
自分が伝えたことは、相手に伝わっているはずと思いやすい	
内容さえよければ、話し振りや態度、表情は、関係ないと思っている	
相手の耳が閉じてしまっていることに気づかない	

そうはいっても、「そんなに相手のことばかり考えている時間はないよ」という声が聞こえてきそうです。

しかし、自己中心的に話をして、話が伝わらなかったとすると、残念ながら、その後、何倍もの時間と労力をかけて、わかってもらわなければならなくなります。

いわゆる**「あと追い仕事」**をすることになるので、追加説明、追加対応など、決して前向きではないことに忙殺されます。

事後処理・事後対応に時間を使うより、前もって相手の身になるために時間を使って、きちんと話が伝わるほうが、かかる時間は少なくてすみます。何よりも行動も前向きになります。

上の表で**自己中心度をチェックして、**チェックが3つ以上ついた人は、相手の身になる努力をしましょう。

「話し方メモ」で自分の癖を見える化する

◎意識することの効果は絶大

以前、「レコーディングダイエット」というダイエットが大流行しました。レコーディングダイエットは、食べた物とカロリーを記録するだけというダイエットです。開発・実践者の岡田斗司夫さんの、ビフォアー・アフターで効果が証明され、実践をして結果が出ている方も多いとのことです。

食べたものを記録して摂取カロリーを「意識」することにより自制が働きダイエット効果が現れるというのは、話し方でも同様です。

日々の生活で、**相手の身になったときの効果、相手のことを考えなかったときの失敗をメモ帳に残していき、意識の定着を高めましょう。**

話すときの心構えや話し方の技術やコツも、ふだんから意識することで、みるみる身につくようになります。

第１章　まとめ

①相手の身になることが、「話し方のコツを習得するための近道」

②話し方の技術だけではなく、「伝わる話し方」を身につける

③「話しがくどい」「声が小さい」「早口」などの原因は、相手の身になっていないから

④相手の身になるか、ならないかが、話す力の「改善効果」を決める

⑤相手の身になる方法は、「相手中心の意識」と「両面思考」を持つこと

⑥相手の身になれば、「話し方の技術・コツ」は、あとから自然についてくる

⑦相手の身になる意識を持ち続ければ飛躍的にスキルアップできる

第2章

「1分」を意識すれば言いたいことが一気にまとまる

1　1分間話法を身につけよう

短い話は喜ばれ、長い話は嫌われる

◎1分間話法のメリット

1分間話法のメリットを、聞き手の立場と話し手の立場から考えてみましょう。

1つ目の聞き手のメリットは、「聞く負担が軽くなる」ことです。2つ目の話し手のメリットは、「短い話なのでとっつきやすい」と言えます。

1つ目の**聞き手のメリット**をもう少し詳しく言えば、次のことが挙げられます。

▼多忙な仕事や生活の中で短い話は歓迎される
▼短い話なので、わかりやすい

▼理解したり、記憶したりする脳の容量に対して適量

また、２つ目の**話し手のメリット**を掘り下げると、

▼話の核心をつかむ習慣がつく
▼話に見出しをつけて話す習慣がつく
▼いろいろ話さなければという、準備の負担が軽くなる
▼余計なことを言う時間はないので、話の運びが、ダラダラしなくなる

などがあります。

1分間で話せるように、まずは、基本の「基」をマスターしていきましょう。

◎聞き手の本質はとにかく「飽きやすい」こと

話を聞いていて時間が短いと感じるか長く感じるかは、当然のごとく**相手が決めること**です。しかし私たちはうっかりするとそれを忘れてしまって、自分の都合のよいように時間の「測定」をしてしまいます。

私も、講師として自分が話しているときは、飽きることがありません。

「よし、次にこれを話して、それからこれも加えて……」など、参加者の方への情報や方法論の提供という名のもとに、自分の時間感覚で進めてしまって、「待てよ⁉」とスローダウンすることがあります。

一方、自分が聞き手側の席に座ってみると話し手の話の長さに飽きてしまうことも少なくありません。**聞き手の本質とはそのようなものなので、短い話がいちばんいい**と思ってください。

会議での発言やスピーチが終わって、「話が短くてすみません」と言う方がいますが、短い時間で内容がきちんと伝わればOKです。

研修の実習で、指定時間より早めに終わったとしても、内容がきちんと伝わっていれば、他の参加者は大きな拍手をします。一方、きちんとしたわかりやすい話であっても、予定時間を超過すると、拍手は少なくなります。

これは、中高生のときに、1、2分でも早く授業を終わらせてくれる先生は歓迎され、熱心なあまりチャイムが鳴って時間が過ぎても続ける先生が敬遠されるのと似ています。

聞き手は、本質的に誰でも飽きやすいことを再認識して、短く話しましょう。

◎1分間話法を有効に活用できる場面はたくさんある

１分間くらいで話したほうがちょうどよい場面には、次のような場面があります。

▼日常のコミュニケーション（会話、簡単な依頼、お願い、回答）
▼会社での報（報告）・連（連絡）・相（相談）
▼会議での発言
▼朝礼でのスピーチ
▼行事（発表会、報告会など）での進行役（司会）のあいさつ
▼PTA役員会、町内会役員会、マンション自治会での会合の自己紹介

とくに、「日常のコミュニケーション」「会社での報・連・相」「会議での発言」「朝礼でのスピーチ」などの日常的な場面では、**「1つの発言は1分間」を意識して話すと、格段に伝わりやすくなり、うまくいく**ようになります。

1分間で話したほうがちょうどよい場面

「報・連・相」「会議での発言」

日常のコミュニケーション（会話・簡単な依頼・お願い・回答）

朝礼でのスピーチ

行事（発表会、報告会など）での進行役（司会）のあいさつ

PTA 役員会、町内会役員会、マンション自治会での会合の自己紹介

◎1分間でどのくらい話せるか

聞き手が聴きやすい速度として、１分間話法の場合は、文字数にすると、１分間に３０0～３５０文字くらいがよいでしょう。１分間に４００文字くらいで話すと、早口に聞こえてしまいます。ただし3分とか5分間話す場合は、話の緩急、メリハリを考慮して、１分間に４００文字で話すところがあっても問題ありません。

１分間に話す文字数のイメージとしては、Ｗｏｒｄで、１行40文字設定の場合、８～９行分、４００字詰原稿用紙（20文字×20行）だと、16～18行くらいになります。

◎時間を計って時間感覚を磨こう

実際の場面では、「文字数」と「間」と「速度」の要素が絡んできますので、文字数の数えやすい新聞記事などを読んで、時間を測定して、１分間の感覚を身につけてください。

①測定の方法Ⅰ（時間感覚の確認）

▼ボイスレコーダーやスマートフォンの録音機能などを用意する

↓

▼新聞の記事を声を出して読む（どこまで読めば何文字になるかはあえて確認をしない

で、録音を開始)

▼自分が1分間だと思ったところで録音を停止する

↓

▼録音時間を確認する

いかがでしょうか。1分間プラスマイナス10秒くらいになりましたか?聞き手の身になって聞いて、ちょうどよいスピードだったでしょうか?

②測定の方法Ⅱ(話す速度の確認)

今度は、新聞記事の350文字分のところに印をつけて、ストップウォッチやキッチンタイマーなどで1分間をセットして、話しはじめてください。

多くの方は、最初、350文字くらいのところにきても、時間が余っている状態だと思います。しかし、繰り返すことで、目安である1分間に300〜350文字分と自分の話しやすい速度との調整ができるようになります。

記憶に残るのは短い話だけ

◎情報量とわかりやすさは反比例する

人間の記憶の容量は、個人差はあるにしても、それほど大きくありません。

長い話の場合は、話し手がメモを見ながら話していることも少なくありません。

しかし話し手がメモを見ながら話すような長い内容を、聞き手が記憶できるはずがありません。

情報量とわかりやすさは反比例すると心得ましょう。

◎ワン・フレーズで伝える言葉の威力

短い話のなかに、さらにワン・フレーズを上手に加えると記憶に残りやすくなります。

少し前の話になりますが、アメリカの元大統領のオバマ氏が演説で多用した「Ｃｈａｎｇｅ！」や、小泉元首相の発言の「感動した！」「自民党をぶっ壊す」などが「ワン・フレーズ」「ワン・ワード」として注目されました。

広告業界では15秒のコマーシャルのなかで、「ワン・メッセージでないと、言いたいこ

短い話がわかりやすい理由

短い話

内容が整理され筋道の立った話
（一時に一事）

・聞き手の負担が小さい
・ポイントがわかりやすい
・印象に残る

長い話

あれもこれも（一時に多事）

・聞き手の負担が大きい
・わかりにくく理解ができない
・印象に残らない

とは伝わらない」と言われており、小泉元首相のブレーンが、これをヒントにしたという話もあり、その効果は大いにありました。

◎人は成長するにつれて話が長くなる⁉

伝わる話し方のコツのひとつは、結論を簡潔に伝えることです。
たとえば、子どもの話は簡潔です。

子「携帯買って」
親「ダメ！」
子「なんでダメなの」
親「小学生はいらないでしょう」
子「みんな持ってるもん」
親「みんなって誰のこと？」
子「Aちゃん、Bちゃん」
親「じゃあ、他には誰？」

表現は稚拙かもしれませんが、わかりやすい会話です。
一方、高校生くらいになると、いろんなことを考えて表現するようになります。

子「アルバイトで10万円貯めたんだ」
親「へえ〜! 頑張ったわね」
子「それで、友だちと旅行に行きたいんだよね」
親「どこに行くの?」
子「その前にバイクを買わなきゃいけないんだけど、お金がちょっと足りなくて……」
親「何でバイクがいるの?」
子「バイクでみんなと一緒に旅をするんだ」
親「まず、旅行は試験が終わってからならいいけど……」

これはひとつの例にすぎませんが、全般的に私たちは大人になっていく過程で、話の内容が回りくどくなり、結論がなかなかみえてこず、話が長くなる傾向があります。
また、英語を話すときは、簡潔な話ができるようになるという人もいます。

実際に、ふだんから話が長かったF先輩が、外国人のお客様と英語で会話をするときは、人が変わったように簡潔にわかりやすく話しはじめたのでびっくりしたことがあります。

その理由は、日本語でのやりとりは、回りくどかったり、口ごもったりするのに、英語では、単刀直入にやりとりをしているからでした。

英語は、動詞が先にきますので、明快にならざるを得ないのかもしれません。同じ人の会話とは思えなかったことを今でも鮮明に覚えています。

いろいろ考えすぎてしまう大人であるからこそ簡潔に、また、日本語は動詞が最後にくるので、結論から先に話すことを意識しましょう。

◎話し方とカップラーメンを待つ時間との関係

「3分間待てば、ラーメンができる」というカップラーメンが最初に出てきたときは、すごいものができたと驚きながら、よく食べたものでした。

しかし、3分間待つのに慣れてきて、いざ便利さを経験してしまうと、もう少し時間が短くならないかなと思うようになります。

そのような期待を受けて、乾燥麺タイプの調理時間が1分間の製品が各社から発売されました。しかし、1分間で食べられるようにすることと、食べ終わる前に麺がのびてしまうことの調整がうまくいかずに、短命に終わったと記憶しています。

話し方もカップラーメンも短いにこしたことはないのは同様です。

しかし異なるのは、カップラーメンのように3分間を1分間に短くしていこうとするのではなく、話し方は最初に1分間話法を習得したうえで、3分間やそれ以上の話もきちんとできるようにしようという点です。

短く話せば、まわりからの評価も変わる

◎話し方ひとつで能力も人柄も判断される

入社して3年目のときに転勤をしてきた主任の話がわかりにくく、困ったことがありました。

仮にSさんとしますが、とくにディスカッションになると、「結局私が言いたいのは……」と言っているわりには要領の得ない話ばかりしていました。

同じ話をいったりきたりして、何度も「要するに……」の繰り返しです。

Sさん自身が、伝わっていない、表現しきれていないと、もどかしく感じているのもわかっていましたが、飲みの場では、格好の話題となり、冗談半分で冷やかされていました。

人柄のよい方だったのですが、仕事の場では発言があてにされず、しだいに仕事までできない人のように、正直、私も当時は思ってしまいました。

一方、本社から工場に施策展開の主旨説明にきたMさんは、いつも予定された時間の半分で説明を終え、あとは質疑応答の時間にして、十分な意見交換をしていました。

説明の場には15名くらい参加していましたが、説明の終了後、展開する施策の内容だけでなく、Mさんの説明の簡潔さとわかりやすさもよく話題になりました。もちろん、その後の施策の展開はスムーズに進みました。

もし、Mさんの説明が、わかりにくくて、回りくどい話であったならば、施策の展開にも影響が出ていたと思います。

私たちは、**話し方ひとつで、人物や能力まで判断をしてしまうのも事実**であることを覚えておきましょう。

また、できる人の要素のひとつとして、簡にして要を得た話し方ができることです。次ページの**「話が長くなる原因と対策」**を確認して短い話ができるように心がけましょう。

話が長くなる原因と対策

「原因」

- 言いたいことを自分がわかっていない
- 思いつくままに、話している
- 短く話す意識がない（前置きは必要なことと思っている）
- 聞き手のことをいろいろ考慮しすぎて、婉曲的に話してしまう
- 話すことくらい誰でもできると思っている

「対策」（日頃の訓練事項）

- 十分に内容を理解して臨む
- 内容の取捨選択、整理、組み立ての方法を学ぶ
- 短い話が喜ばれるという認識を持つ。長い話は悪だと思う
- 聞き手のことを考慮するのは、遠慮ではなく、きちんと話すことに意識を変える
- 事前に考えられるときは、十分に準備をする

伝わる効果は、話す時間と反比例する

◎テレビの討論会はよい勉強の場

話の効果と時間の関係を客観的に学べる身近な教材として、テレビの討論番組があります。話す時間だけでなく、筋道の通った話し方の勉強にもなります。

私は、実際にテレビの討論番組などの出席者の発言時間を測定したことがあります。その発言を測定した結果、以下のことがわかりました。

▼短時間で明快な話だなと思った　→　１分間前後の発言
▼聞くための集中力が下がっていった　→　１分半超の発言
▼くどいと感じた　→　２分間超の発言（司会者の制止が入る）

討論中は右記の印象でしたが、討論会の最後に、司会の方が、「最後にひとことずつ」と言われたあとでは、30秒以内で話した人の印象は「最後に、着地点が決まって主張が明確に伝わった」。これに対し、１分間を超えた人は、「何がいちばん言いたかったのかわかりにくかった」という印象を持ちました。

理解をしてもらおうと思うと、より詳しく一生懸命に話すわけですが、最後のまとめの段階では、1分間を超えると逆効果でした。

時間をかければかけるほど話が伝わると思いがちですが、逆に、時間をかけた分だけ、伝わる効果が下がることもあります。**話の効果は、時間に反比例する**のです。

ぜひ、そのような視点で、討論番組を見て、体感してみてください。

日常のコミュニケーション、報告、会議などの1対1、1対少数の場面では、**「1つの発言につき1分間」**を心がけると、円滑なコミュニケーションがとれるようになります。

2　言いたいことを1分にまとめる3つの技術

今すぐ使えて、一生役立つ

◎1分間話法の基本

１分間話法の代表的な方法には、

「スッキリ法」

「コンパクト三部構成法」

「三角シナリオ法」

の３つがあります。


まず、１つ目の「スッキリ法」は、話したい「内容」を、「あいさつと名前」ではさむ、話の流れの基本的な型です。

1分間話法の代表的なもの
～スッキリ法、コンパクト三部構成法、三角シナリオ法～

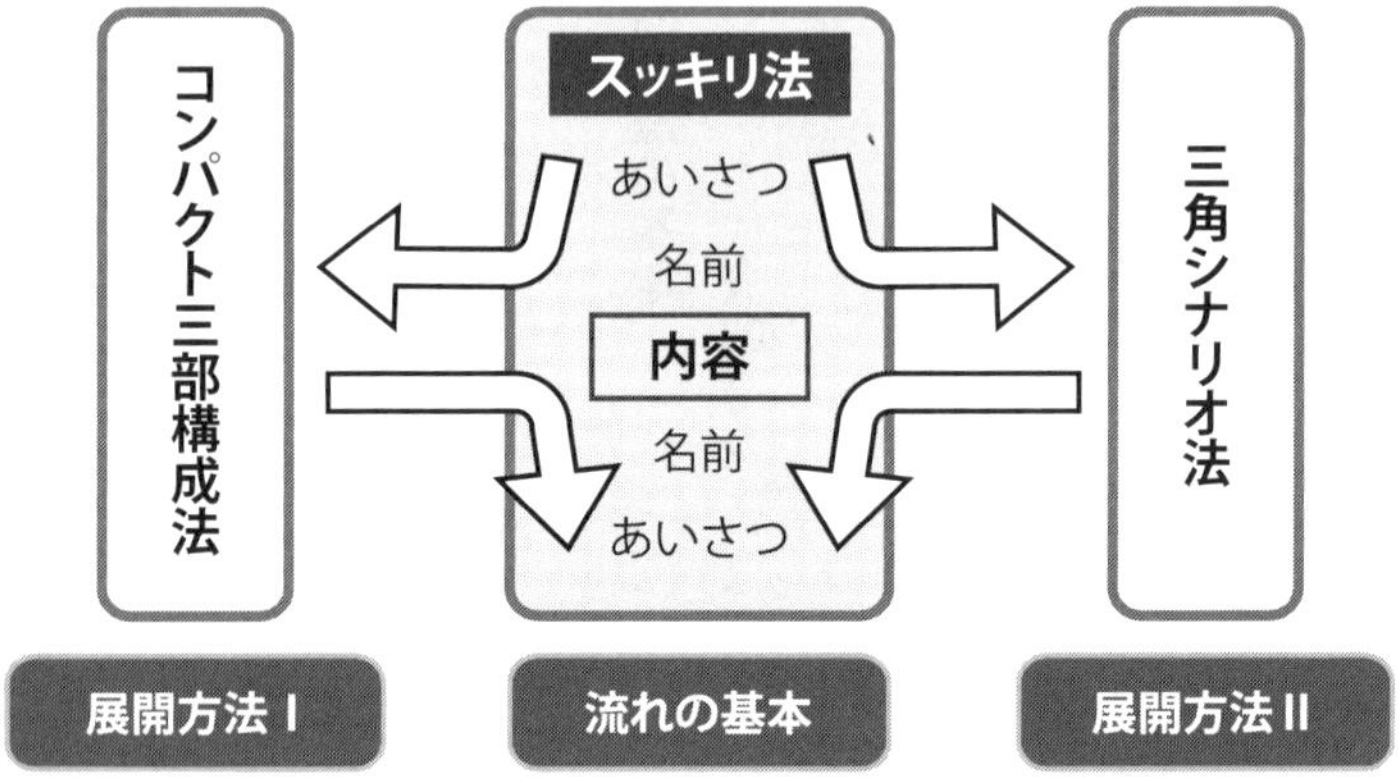

「コンパクト三部構成法」は、スッキリ法の**「内容」**の部分を、**「切り出し（導入）」→「展開」→「結び」**で構成していく型です。

使用に適した場面は、「日常のコミュニケーション」「スピーチ」「相談」などです。

「三角シナリオ法」は、スッキリ法の**「内容」**の部分を、**「言いたいこと」→「主な内容」→「理由・具体例」**で構成する方法です。

使用に適した場面は、「会議での発言」「報・連・相」などです。

３つの方法の関連を示すと、上の図のようなイメージになります。

それでは、「スッキリ法」「コンパクト三部構成法」「三角シナリオ法」の順で解説をしていきます。

3 スッキリ法

「話はじめ」と「話の締め」が決まっているから迷わない

◎スッキリ法は1分間話法の基本

これは、文字通り、前置きや言い訳をカットして、スッキリ話し出していく方法です。

話しはじめるときに余計なことを言わずに、まず「あいさつ」をして、「名前」を言い、すぐに話したい内容に入っていき、話が終わったら、言い訳など言わずに、「名前」を言って、「あいさつ」して終わる話し方です。

急にスピーチを頼まれた場合でも、前置きや、言い訳を言わないことにより、スッキリ話し出し、ス

スッキリ法

❶あいさつ
❷名　前
❸内　容
❹名　前
❺あいさつ

ッキリ終わることができ、好印象を残せます。

前ページの図を見ると内容をあいさつと名前ではさんでいて、サンドイッチに似ているので「サンドイッチ法」とも言います。

では、「会議の議長」になったときの進行を、スッキリ法を使って表現してみましょう。

①あいさつ

▼おはようございます。
本日は、朝早くから参加いただき、ありがとうございます。

②名前

▼本日の議長を務める山本です。

③内容

▼本日の議題は3つです。まず1つ目の議題「●●」について……
▼3つの議題について、話が出そろいましたが、ご質問はありますでしょうか。

場面別「スッキリ法」の例

	あいさつ　⇒	内容　⇒	あいさつ
会話	こんにちは。いいお天気ですね。	おそろいで、ご旅行ですか……	それでは…
スピーチ	おはようございます、朝礼当番の山本です	本日の連絡事項は、２点あります。１点目は…	本日も事故のないように…
報告	失礼します、森です	昨日のトラブルの件、昨晩、解決いたしまして…	失礼します
会議	林です。提案があります	チーム編成は…	以上です
説明会プレゼン	こんにちは。○○部の上田です	それでは、業務改善の提案を…	よろしくご検討ください
ポイント	短く	簡潔に	短く

▼質問はないようですね。では、以上で3つの議題について結論がまとまりましたので、会議を終わりにします。

④名前

▼本日は、山本が進行を担当いたしました。

⑤あいさつ

▼つたない進行でしたが、ご協力をいただき、ありがとうございました。

※言葉や表現は、場面・参加者によって変える

◎スッキリ法のポイント

①あいさつ

▼何から話しはじめようかは考えずに、大きな声でゆっくりとあいさつをする
▼その結果、話し手である自分の気持ちを落ち着かせることができる
▼あいさつをすると、聞き手もあいさつをしてくれるので、聞き手の注意を自分に向けることができ、気持ちよく話をスタートできる
▼あいさつは、「おはようございます」「こんにちは」だけでなく、場面や相手によって、「お疲れさまです」「ご無沙汰しております」などと状況に応じて変える

②名前

▼とくに、初対面や、めったに会わない人が多い場合は、名乗るのは必須
▼初対面でない場合も、①のあいさつとセットで考えて使うと、変な前置きや「え～」のような口癖も言わなくなる
▼聞き手に親しみを感じてもらえるようにフルネームでハッキリと名乗る

③内容

▼あれもこれもとならないように、ポイントを絞りこんで、内容をスッキリと話す

※内容の構成方法は、次の「コンパクト三部構成法」と「三角シナリオ法」で説明をします

④結び　その１：名前

▼もう一度名前（名字だけ）を言って、話の終わりを伝える

⑤結び　その２：あいさつ

▼感謝の気持ちを込めてあいさつをする

▼内容のところで、頭が真っ白になって、しどろもどろなところが多少あったとしても、着地をスッキリと決めれば、「終わりよければすべてよし」という印象になる

▼「うまく話せなかった」「あちこち話が飛んでしまって、予定通りに話せなかった」という場合もあるが、言い訳はぐっとこらえて、きちんと終わることがポイント

最初と最後をきちんとした「あいさつ、名前」ではさんで決めるので、「額縁効果」「両

端効果」とも呼ばれています。

下手な写真も、額縁に入れれば、何倍もよく見えるようになります。「あいさつ、名前」が、額縁の代わりになります。

また、スッキリスタートさせ、スッキリと終わらせる成功体験を増やしていけば、「あがり（緊張）」の解消にもなります。

まず、迷わずに1分間で話す流れの基本型として、スッキリ法で話すよう心がけてください。

◎悪いパターンの「もやっと法」

私が総合電機メーカーに勤めていた頃、各社が参加したワーキンググループの会議でのことです。

司会者が、「それでは、ご参加の皆様方から、簡単に自己紹介をしていただきたいと思います。まずこちらからX社のBさん、どうぞ」と紹介をしました。

紹介に促されて、前に出て行ったBさんは、以下のように話しました。

「えぇ〜、急なご指名で……元来、スピーチは苦手なものですから、何を話して言いか……。えぇ〜、出身は静岡で……仕事は……。どうもとりとめのない話をしてしまいまして、すみませんでしたが、どうぞよろしくお願いいたします」

というスピーチをされました。残念ながら、Ｂさんは、悪いパターンが身についてしまっています。

Ｂさんの話し方は、やってはいけない話し方であり、「スッキリ法」に対して、内容がきちんと伝わってこないので、私は「もやっと法」と名づけています。

前置きや言い訳を言うと話が長くなりがちです。長い前置きは、相手をうんざりさせてしまいます。

なぜ前置きを言いたくなるか。その理由は次の３つに絞ることができます。

▼何から話しはじめようかと迷ってしまうので、とりあえず不安な気持ちが声に出てしまい、なかなか本題に入っていけない

▼単刀直入に話しはじめるのは、何かぶっきらぼうな気がして、前置きをつけるべきだと思っている

▼自分なりの話し方のスタイルが決まっていない

4 コンパクト三部構成法

話の主題を3ステップでわかりやすく伝える

◎「切り出し」「展開」「結び」の3つの流れが重要

前述したスッキリ法の図（55ページ）の真ん中にある「内容」の部分を、簡単な3つの流れで構成したのが、「コンパクト三部構成法」です。

基本は、**「切り出し（導入）」→「展開」→「結び」**で構成されます。

では、職場の朝礼で、「グループ内コミュニケーションについての問題提起」の1分間スピーチを例にしてみましょう。

◎朝礼でのスピーチ例1

「タイトル」：グループ内コミュニケーションについて（朝礼）

コンパクト三部構成法～職場の朝礼の例～

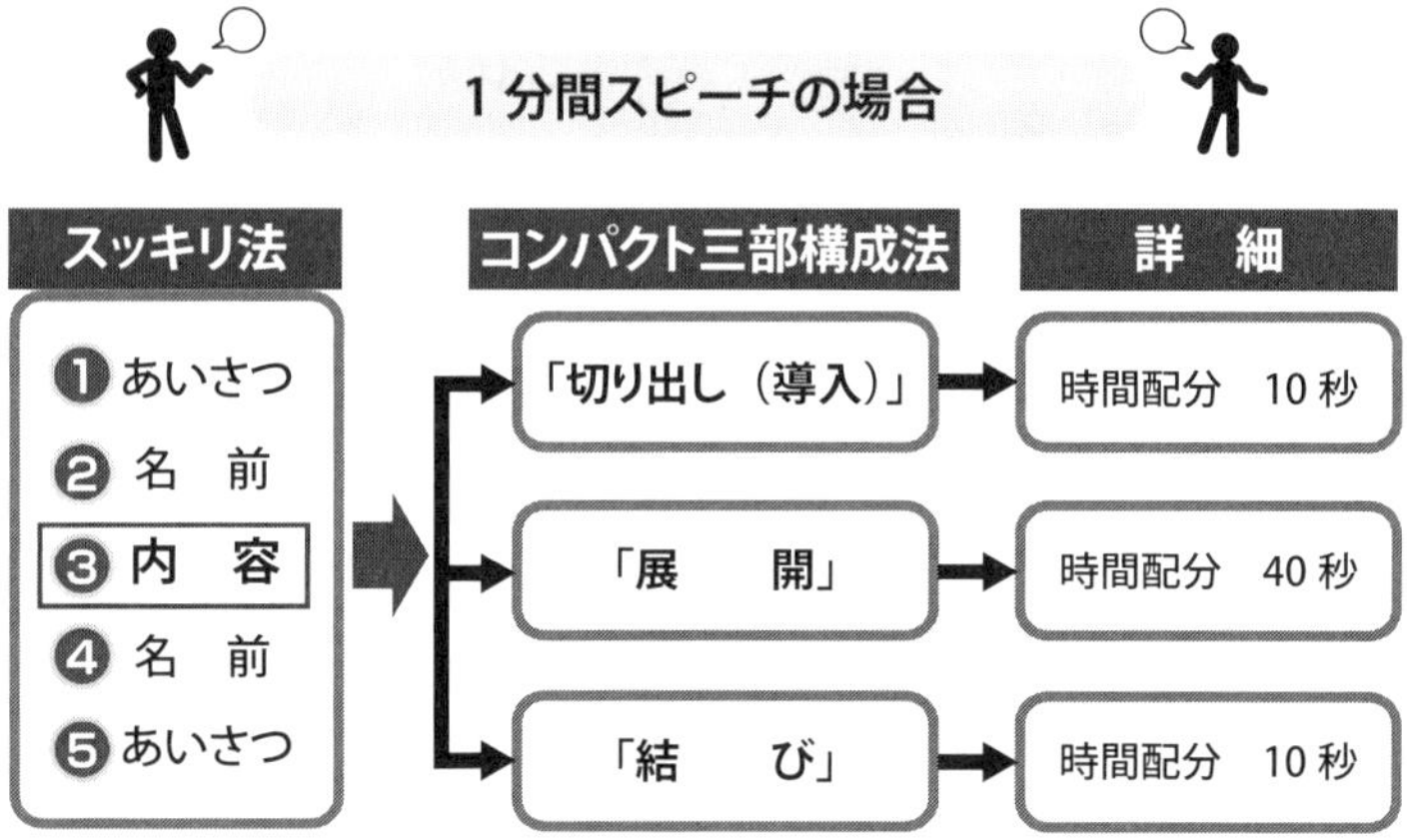

（切り出し）

おはようございます。今日の朝礼当番の山本です。

今日は、グループ内のコミュニケーションについて、問題提起をしたいと思います。

（展　開）→具体例

先日、隣の課のW君が「この前頼んだ件、まだ回答がないけど……」と後ろを振り返って、隣の列のI君に声をかけました。

するとI君は、「とっくにメールで回答しましたよ」と答えたので、W君は「すぐそばの列にいるのだから、ひとこと、言えばいいじゃないか……」とちょっとした口論になってしまいました。

（展　開）→主張・意見

電子メールは、便利なので、相手の都合を邪魔しないという利点もあります。基本的には、物理的に離れている人とのやりとりでメールを使うのが原則だと思います。しかし、使用の際は、状況に応じた使い分けが必要であると思います。

（結　び）

したがって同じフロアの人に依頼、確認をするときなど重要なやりとりをするときには、直接話すべきだと私は思いますが、みなさんはどう思われますか？

このスピーチの時間配分は、切り出し10秒、展開40秒、結び10秒となっています。それぞれが短くコンパクトですので、歓迎されやすくなります。あれもこれもと欲張らずに話すように心がけましょう。

◎朝礼でのスピーチ例２

「タイトル」：自分たちの安全は、自分たちで守ろう

（切り出し）

おはようございます。

10月1日からの全国労働衛生週間にあたって、安全衛生についてあらためて考えたいと思います。

（展開）

私たちのまわりでは、幸い事故を起こしたり、ケガをしたりする例がありませんので、安全は当たり前のことであり、あまり関心を示さないのが現状ではないでしょうか？

労働衛生週間は、この期間に、日頃の行動をあらためて反省し、見過ごしてきたことを見直し、よりよい職場環境にしようということが狙いです。

今までにも、「ヒヤリ」としたり、「ハッ」としたりする例は、身近にあります。

たとえば、何気なしに書類の棚の上に、古いプリンターが置いてあったり、かかとの高い靴で階段を駆け下りたりするなど、ひとつ間違えばケガにつながることがあります。

（結び）

労働衛生週間をきっかけに、全員で身のまわりの点検を実施すると同時に相互点検を行ない、指摘ゼロを目標に取り組んでください。

最初の10秒がすべてを決める

◎最初の10秒で大切な2つの要素

聞き手の関心を引きつけるには、最初の10秒が大切です。

その10秒のなかで、とくに重要なポイントが２つあります。

1点目は、話の内容ではなく、印象・見た目の部分です。

2点目は、切り出し方です。

話し手の興味・関心と聞き手のそれとは大きくずれていることが多く、仮に聞き手が興味を持っていたとしても、聞き手が聞いてくれるのは最初だけです。

これは、自分が聞き手のときのことを冷静に思い出してみるとよくわかると思います。聞き手が関心を示さなくなるタイミングは早いのです。話し手は、まだはじまったばかりだと思っているときでも、聞き手は、「つまらなそう」と判断するものだと心得ましょう。

◎最初の1秒の影響はおどろくほど大きい

相手の目に最初に物理的に飛び込んでくるのが見た目です。初対面であれば、お互いに、最初の数秒で印象が形成されたり、既知の人でも、たとえば、そのときの相手の体調や機嫌などをすぐに感じとってしまいます。ですから、話しはじめの声を出す前に、言葉以外のコミュニケーション（非言語コミュニケーション）がすでにはじまっていることを重視しましょう。

最初の印象が、それ以降の話の展開に大きく影響をおよぼしますので、最初の1～10秒のなかで好印象をまず与えることが重要です。

以前、テレビ画面で1秒見ただけで、「この方は、人間味のある素晴らしい方なのだな」と感じる体験をしました。

それは、教え子の方が、お世話になった先生を探してもらうという内容の番組でした。再会できるかどうかがわかる扉が開いた瞬間に、ひとことも言葉を発していない先生の表情、姿を見てそのような印象を持ちました。

最初の1秒で、スタジオ中の人たちの心がおだやかになったように感じたのです。**本物の心からの好印象を相手に持ってもらえるように、私たちも、最初の1秒から努力しましょう。**

◎効果的な切り出し方

次に、実際に話をはじめるときの切り出し方（導入法）のポイントを紹介します。

次の①から⑤の方法はそれぞれ違いますが、自分の持ち味にあった切り出しの工夫をしてみましょう。

①親しみを込めて、好印象・親近感のある態度で話しはじめる
②その場に関係のある話題から入る
③結論（主題）から一気に入る
④本論への導入の役目をする短い例を入れ、本論を示唆する
⑤質問から入る

⑤の「質問から入る」方法は、相手の反応が予想外だと収拾に困る可能性もあるので、それを踏まえたうえで試してください。

切り出しの例

右に挙げた５つのポイントの具体例を示すと、以下のようになります。

①実は、私も○○県の出身で……

②御社の玄関を入りましたら、受付の方に笑顔でお迎えいただきまして……

③結論から言いますと、話し方のコツは、「相手の身になって……」

④今朝の新聞に、人と話している時間よりパソコンの画面を見ている時間が、さらに増加したと書いてありましたが……（↓職場のコミュニケーションの活性化の話につなげる）

⑤おはようございます。おそれいりますが、タバコを吸われる方はいらっしゃいますか？これからお話を進めていくなかで、1時間に1回、10分間の休憩をとろうと思っていますが、「Aさん、いかがですか？」「Fさんは、いかがですか？」

長すぎる前置きを言ったり、言い訳を言ったりして、大切な最初の10秒を無駄にしないように努力をしましょう。

5 三角シナリオ法

ここでは、すでに説明したコンパクト三部構成法（63ページ）よりも、意見や言いたいことを明確に伝える場面に適した三角シナリオ法を紹介します。

ミーティング、会議での発言、立ったままでの口頭の報告や連絡などが、代表的な使用に適した場面です。

意見・主張をシンプルに伝える

◎三角シナリオ法の３つのポイント

三角シナリオ法とは、次のページの図のように、

①「ひとことで言いたいこと（主張・意見）」（20文字程度）

②「主な内容」（1分間の場合は、1、2項目）

三角シナリオ法

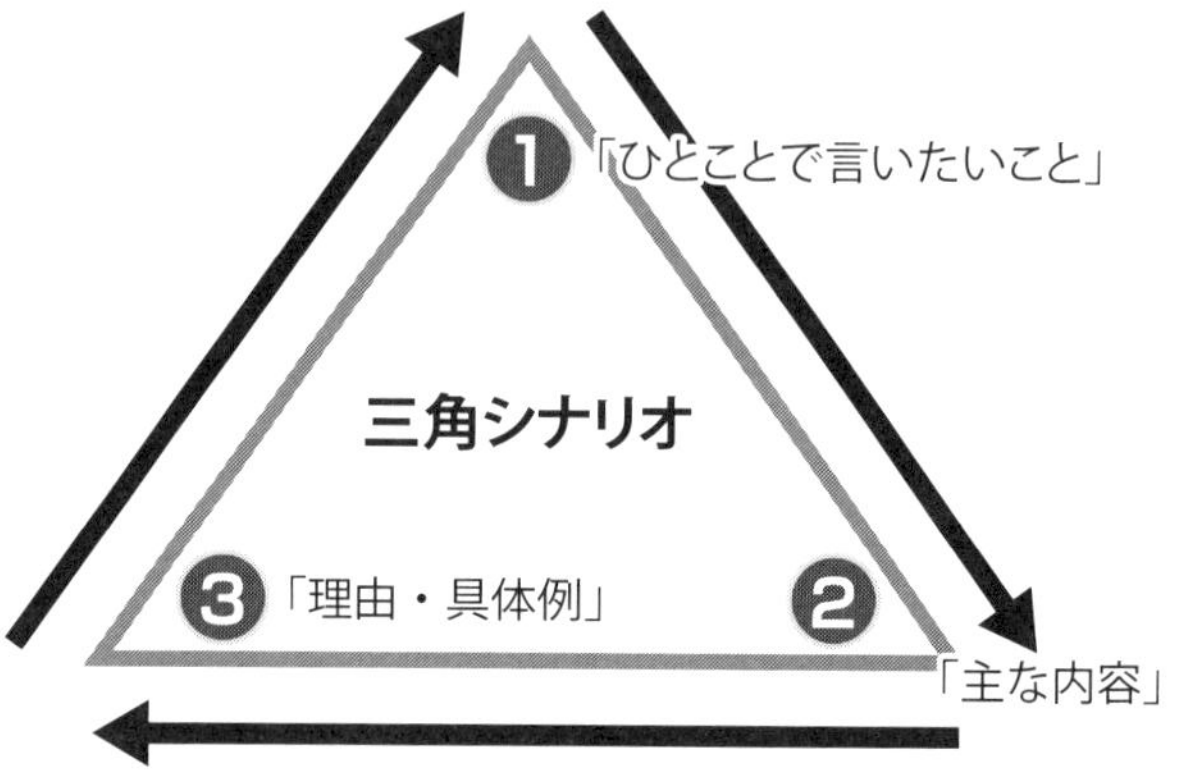

③「理由・具体例」を骨格とした話し方です。

最後に、①を繰り返して話を結ぶと、言いたいことが明確に伝わるので、会議などで発言（主張・意見）するときに有効です。

「ひとことで言いたいこと」は、たとえば**新聞の見出し**をイメージしてください。また、「ひとことで言いたいこと」は、内容や場面によっては、「結論」に相当します。

年に1回、3年間、同じ参加者の方々に、いろいろな内容の研修を行なったことがありました。

参加者の1人の方が、1年目に学んだ三角シナリオ法を、職場に普及させようと考え、勉強会を行ない、会議でも三角シナリオ法で発言するように徹底したそうです。

２年目の研修のときに、その結果を教えていただきました。みんなが意見を明確に言うようになり、なかなか結論が出にくかった会議が、きちんと〝決める会議〟に改善されたそうです。さらに、従来に比べて、短い時間で会議がすむようにもなったそうです。

次に、すでに述べたコンパクト三部構成法（63ページ）の内容の組み立て方の「グループ内コミュニケーションについて」の内容を、「朝礼での1分間スピーチ」ではなく、「職場のミーティングでの発言」という設定で組み立て直してみましょう。

◎ミーティングでの１分間の発言の例

「タイトル」：グループ内コミュニケーションについての問題提起

〈ひとことで言いたいこと〉

私の意見を、ひとことで言いますと、「顔の見える範囲でのやりとりは、対面が原則」（20文字）ということです。

（主な内容）

それでは、メールを使う場面について、フロア外とフロア内の2つの視点から意見を述べたいと思います。

まず**1点目**は、フロア外の人には、メールは大いに活用すべきだと思います。

2点目は、フロア内の人へのメールでの連絡については、顔を合わせるのも仕事ですから、対面でのやりとりが原則だと思います。

（理由・具体例）

2点目のフロア内の場面について、なぜそう考えるかというと、先日、隣の課のW君が「この前、頼んだ件、まだ回答がないけど……」と、隣の列のI君に声をかけました。するとI君は、「とっくにメールで回答したよ」と答えたので、W君は「直接言えばいいじゃないか……」と口論になっていたからです。

（結び）（最初の「ひとことで言いたいこと」を、もう1回言って結ぶ）

ここまで考え方の違いが出てきていますので、**「顔の見える範囲でのやりとりは、対面が原則」**と明確に指導すべきだと思います。

いかがでしょうか。「グループ内コミュニケーションについて」という同じ内容を、「朝礼でのスピーチ」として話したコンパクト三部構成法と「ミーティングでのひとこと発言」として話した三角シナリオ法では、簡潔さ、わかりやすさが大きく異なってきます。

三角シナリオ法の１分間発言では、最初に、「顔の見える範囲でのやりとりは、対面が原則です」と言いたいことを先に言って、話をはじめています。

聞き手は、これからどんな発言がされるのか、安心して、集中して聞くことができます。内容の詳細に入っても、「そうだよね、それで……」「たしかにそういうことが最近増えているよね……」などと理解・納得をしてもらえるので、次の人の発言と絡み合ってきて、ミーティングでの議論・討議が活発になります。

一方、理由・具体例で示した、「先日、隣の課のＷ君が……」からはじめた場合は、つい話も長くなってしまうので、「それで、何が言いたいのですか?」などと言われてしまうことになります。

同じ話の内容なのに、順序を変えるだけで、「相手への伝わりやすさ」「相手の理解のしやすさ」は、雲泥の差があります。話す場面を意識して話の構成・流れを変えることが大切です。

◎**1分間報告の例（ひとことで言いたいこと　↓　結論）**

今日の工程進捗状況を報告します。

（1）結論

本日分は、全工程予定通りです。明日の分について、最小で半日の遅れが出る見込みですが、在庫がありますので、次工程への影響はありません。

（2）主な内容

明日の分の遅れの状況を説明します。本日午後から工程に投入する部品が搬入されず、２工程がストップしているため、半日の遅れになる見込みです。

（3）理由・具体例

部品の遅れの理由は、輸送車両の事故で現在、高速道路で部品を積んだまま待機した状態です。しかし、代車が今夜中に現地に到着しますので、明日の朝から2工程とも再開できます。

いろいろ試して、自分の思考や方法に合うものを身につけましょう。

ネタに困ったときのアイデアのヒント

◎思考のキッカケをつくってくれるスピーチ・シャープナー

たとえば、来週、人前で話す機会があるのに、どうも準備が手につかなかったり、考えはじめたけれど、途中で投げ出してしまったりしたことはありませんか。

私も若い頃、たった３分のあいさつ・スピーチの準備に何日間もかかったことを覚えています。

準備にとりかかろうと思うまでに、時間がかかり、内容を考えるのにさらに時間がかかり、思考が停止してしまうことは少なくありません。

そんなときに、とても役に立つのが、「スピーチ・シャープナー」です。

野村進さんのご著書『調べる技術・書く技術』（講談社）のなかで「ペン・シャープナー」ということを紹介しており、そんな言葉があったのだと、スピーチでの参考にさせていただきました。

野村進さんの著書によると、「ペン・シャープナーとは、文章のカンを鈍らせないために読む本や、原稿を書く前に読むお気に入りの文章のこと」だそうです。

そこで私は、人前で話す予定があるのに、準備がなかなか手につかなかったり、内容がまとまらなかったりするときに「パラパラ」と読む本や資料のことを、「スピーチ・シャープナー」と呼ぶことにしました。

私の今の「スピーチ・シャープナー」は、自分の思考に合った本に加えて、興味を持って買った本のなかの10冊分の目次のコピーです。

内容づくりに行き詰まったときには、無理をせず、お茶でも飲みながら、パラパラと考えをめぐらせると、効果があります。

「スピーチ・シャープナー」を見ても、いい考えが浮かばないときには、私は散歩に出るか、寝るかしています。

第２章　まとめ

①短い話は喜ばれ、長い話は嫌われる
②会議での発言では、１つの発言は1分間
③情報量とわかりやすさは反比例する
④ワンフレーズの効果を再認識しよう
⑤話の効果は、時間に反比例する
⑥話の出だしは「スッキリ法」を使うとわかりやすい
⑦コンパクトな話の構成は、「切り出し」→「展開」→「結び」
⑧話の筋道をより明確にしたいときは三角シナリオ法（結論優先）

第3章
状況に合った話し方を身につける

1 いろいろな場面での話し方の勘どころ

簡潔な話し方だけではなく、複雑な内容を相手にわかりやすく伝え、理解をしてもらい、納得をしてもらう必要性は、仕事や日常生活でも少なくありません。

本章では1分間では収まらない3分以上のボリュームのある話をどのように組み立て、伝わる話にしていくかについて述べていきます。

ボリュームのある話でも聞き手にわかりやすく話すことに変わりはありません。ただし、1分間のときよりも話す内容を整理する必要がありますし、話す状況をきちんと踏まえておかなければなりません。

まず最初に、場面ごとにどんな話し方が求められるのかをみていきましょう。

場面ごとで異なる話し方の機能

◎話し方の5つの機能

相手に伝わる話し方の機能は、大きく5つに分けることができます。

①良好な人間関係をつくる親和機能
②相手の身になる共感的機能
③わかりやすく伝える理解の機能
④なるほどと受け入れてもらう納得の機能
⑤その気にさせる説得の機能

これらの機能が、どのような場面で必要か、「会話」「説明」「スピーチ」「プレゼンテーション」の場面で考えて、**話の場面に応じた「勘どころ」を再確認しましょう。**

①会話の場面では……

5つの機能のうち、**「良好な人間関係をつくる親和機能」「相手の身になる共感的機能」**の2つの機能が中心になります。

たとえば、仕事などの実務的な内容のやりとりではなく、あいさつや、日常の話をするなかで、良好な関係を維持できているか、相手の話に耳を傾けて、相手の話を受け入れて、その内容に応じた会話のキャッチボールができているかなどが、会話の場面での「勘どころ」になります。

この**勘どころをはずして**、人の話を聞かないで、自分の主張ばかりをして、相手の話を否定的にとらえてばかりいると、人間関係も崩れて、日常会話すらできなくなってしまいます。

②説明の場面では……

「わかりやすく伝える理解の機能」「なるほどと受け入れる納得の機能」の2つの機能が中心になります。

仕事の指示・報告や商品説明の場面では、相手に話が伝わって、理解をしてもらうことが、まず必要です。たとえば、仕事の指示の場合では、説明が明確でわかりやすく、目的や理由などの背景もきちんと伝えることが「勘どころ」になります。

ところが、人間関係や共感を得ることを意識しすぎて、遠慮して指示が曖昧になったり、そこまで言わなくてもわかってくれるだろうと、聞き手が察してくれることを期待した話し方をすると、相手に話がうまく伝わらなくなってしまいます。

③スピーチの場面では……

「相手の身になる共感的機能」「わかりやすく伝える理解の機能」の２つの機能が中心になります。

結婚式の祝辞や懇談会のあいさつなどでは、理性で聞かなければならない難しい話よりは、たとえば、「上司の方の祝辞は、いい話でしたね」と感性で聞いてもらえる話にすることが、スピーチの場面での「勘どころ」です。

④プレゼンテーションの場面では……

「なるほどと受け入れる納得の機能」「その気にさせる説得の機能」の２つの機能が中心になります。

計画やシステムの提案などの場面では、その提案を聞いた相手が、内容を理解し、納得をして、たとえば、「計画を承認」したり、「システムの導入を決定」したりしてもらうことなどが「勘どころ」になります。

Mさんは、プレゼンは上手な人でしたが、なかなか受注につながらないので、上司が、お客様に失注の理由を聞きに行きました。

するとお客様は、「Mさんのプレゼンは、わかりやすく、内容自体はいいのですけどね。現場に応じた具体性とか熱意が伝わってこないので損をしますね」と言われたそうです。

Mさんは、お客様をその気にさせることができなかったと言えます。**それぞれの場面での「勘どころ」を押さえて話の内容を構成すれば、どんな場面でも怖くはありません。**

◎各場面での勘どころのまとめ

前述したように、各場面での「勘どころ」（キーワード）は、「親和」「共感」「理解」「納得」「説得」です。

いろいろな場面で、ただ**やみくもに話すのではなく、場面・目的に応じて勘どころを押さえて話す**ことにより、よりよいコミュニケーションが図れるようになります。

場面ごとに求められる話し方の機能

2 複雑な内容を伝えるときの5つの視点

ボリュームのある話は、伝えるべき内容が複雑化していることがしばしばあります。そのため、内容が整理されていないと、より話がわからなくなります。そもそもわかりやすく話すとはどういうことなのか、みていきましょう。

わかりやすく話すための前提は、次の通りです。何を話すかという内容を整理するときに、５つの項目を念頭に置きながら準備しましょう。

①自分自身が内容を十分に理解していること
②誰に、何を伝えるのかが明確であること
③話したいことの内容構成が整理されていること
④主題（言いたいこと）が明確であること
⑤相手の理解度に応じて話すこと

自分自身が内容を十分に理解する

◎自らが最初の聞き手だと思うこと

わかりやすく話す前提の１つ目は、自分自身が、内容を十分に理解をしていることです。自分が理解していない内容を、人にわかりやすく話すことはできません。

相手に自分の考えや思いを伝えるときに、伝えたい内容を熟知していれば問題はないのですが、伝えたい内容を理解する間もなく話さなければならなかったり、あるいは、なんとなくしかわかっていない状態で話してしまったりすることもあると思います。

そんなとき、「聞き手に伝わっていないな」と自ら感じてしまい、何とかしなければと試みても、蛇足に蛇足を加えてしまうことになります。

そのために、言葉数も多くなり、時間もかかったわりには、わかりにくい、あれもこれもということになってしまいます。

当たり前のことですが、**「自分が理解していないことを、相手にわかりやすく話すことはできない」**と再認識して、十分に理解を深めてから話す場面に臨みたいものです。とくに、わかっているつもりで話すのは危険です。

自分自身が内容を十分に理解していないと……

先日、現在私が使っている携帯電話の契約変更も考えて、A社とB社の両方から説明を聞きました。

両社とも熱心に説明をしてくれましたが、条件、特典が複雑で、理解不十分な状態で、終わりました。

両社とも、メインの売りの内容説明は、予定通りにしてくれましたが、私が気になっているところの項目になると、曖昧な説明になり、先ほどの流暢な説明との落差が大きく、曖昧さが余計に際立ってしまいました。

私の質問に対する回答を簡単に説明をしたあと、流れを変えようと、自分の得意領域の説明に持ち込もうとしていましたが、私の聞きたいことは解決していません。もう一度説明を求めると、同じ説明の繰り返しで、私の理解を深めるための具体的な説明や詳細な説明はしてもらえませんでした。

みなさんも自分が理解をしていないとき、次のような対応になってしまわないでしょうか。他山の石として、十分に理解をしたうえで説明に臨むようにしましょう。

▼同じ説明を繰り返す
▼詳しく説明できる話題に変える
▼動揺が顔に現れる
▼真顔になって表情が硬くなる

その他に、わかる、わからないにかかわらず、言い切って乗り切るパターンもあります。

量販店の電気製品のコーナーで、ボイスレコーダーの録音に雑音が入ってしまうことへの対処法を質問をしたときのことです。

店員「それが普通です。全体の音を拾おうとしますから雑音も拾います」
私　「マイクに音が入らないようにふさいで録音しても雑音がありますが……」
店員「いえ、普通です。どの機種も同じです」

私の困っているポイントの状況説明に不足があったのかもしれませんが、自信を持って言い切られました。そのときは、「もういいや」と思ってあきらめました。

このように、内容の理解が不十分だと、伝わらないだけではなく、コミュニケーションのすれ違いも起きてしまいます。

「誰に」「何を」伝えるのかを明確にする

◎対象と目的を明確にすること

わかりやすく話す前提の2つ目は、誰に、何を伝えるのかが明確であることです。

たとえば、「来週、入社から半年たった新人に対して、先輩としての体験談を話してほしい」という依頼があったとします。そこで、まず必要なことは、「誰に」「何を」伝えるのかを明確にすることです。

◎「誰に」の明確化

右記の設定では、「誰に」は、「新人に」と明確なようにもみえますが、依頼内容をよく確認したら、本社営業本部に配属された新人に、工場からの視点での営業への期待を話してほしいということがわかりました。

そうなると、「誰に」は、単純な「新人」ではなく、「本社営業部の新人」という、特定の新人になります。さらに営業の統括部門としての役割や期待を持たれている新人の位置づけなのか、工場から見た苦言の対象である営業の新人に対してかによって、内容も変わってきます。

単純に新人向けに話す体験談と思い込んでしまったら期待はずれの内容になってしまいます。

相手のイメージが漠然としていますと、話す内容も漠然として、冗長でポイントのつかみにくい話になります。「誰に」を掘り下げること、明確にすることが大切です。

◎「何を」の明確化

「誰に」が明確になったら、次に、「どのような視点から話すのか」「どのような切り口から問題提起をするのか」など、「何を」を絞り込んでいきます。

「何を」が明確になっていないと、視点が定まらないので、話しながら気持ちが変わって、あれもこれも話してしまうことになりかねません。

言いたいことの順番を整える

◎内容構成は順番が命

わかりやすく話す前提の３つ目は、話したいことを整理して、内容構成を明確にすることです。順序を追いながら説明をします。

①話したいことを書き出す

１人でブレーンストーミングをするつもりで、何を話すか思いつくままに、脈絡なく書き出してみてください。そのとき、１枚のメモ用紙に複数の内容を書くのではなく、小さなカードや付箋紙に、１枚ずつ書いておいたほうが、あとで似た内容にグルーピング（分類分け）するときに便利です。

②話したい内容を、中項目、大項目に整理する

思いつくままに書き出したものが、左の図の小項目に相当すると思ってください。それを、内容の類似性、重要性などの視点でグルーピングしていき、追加、削除しながら、右

話の内容構成図

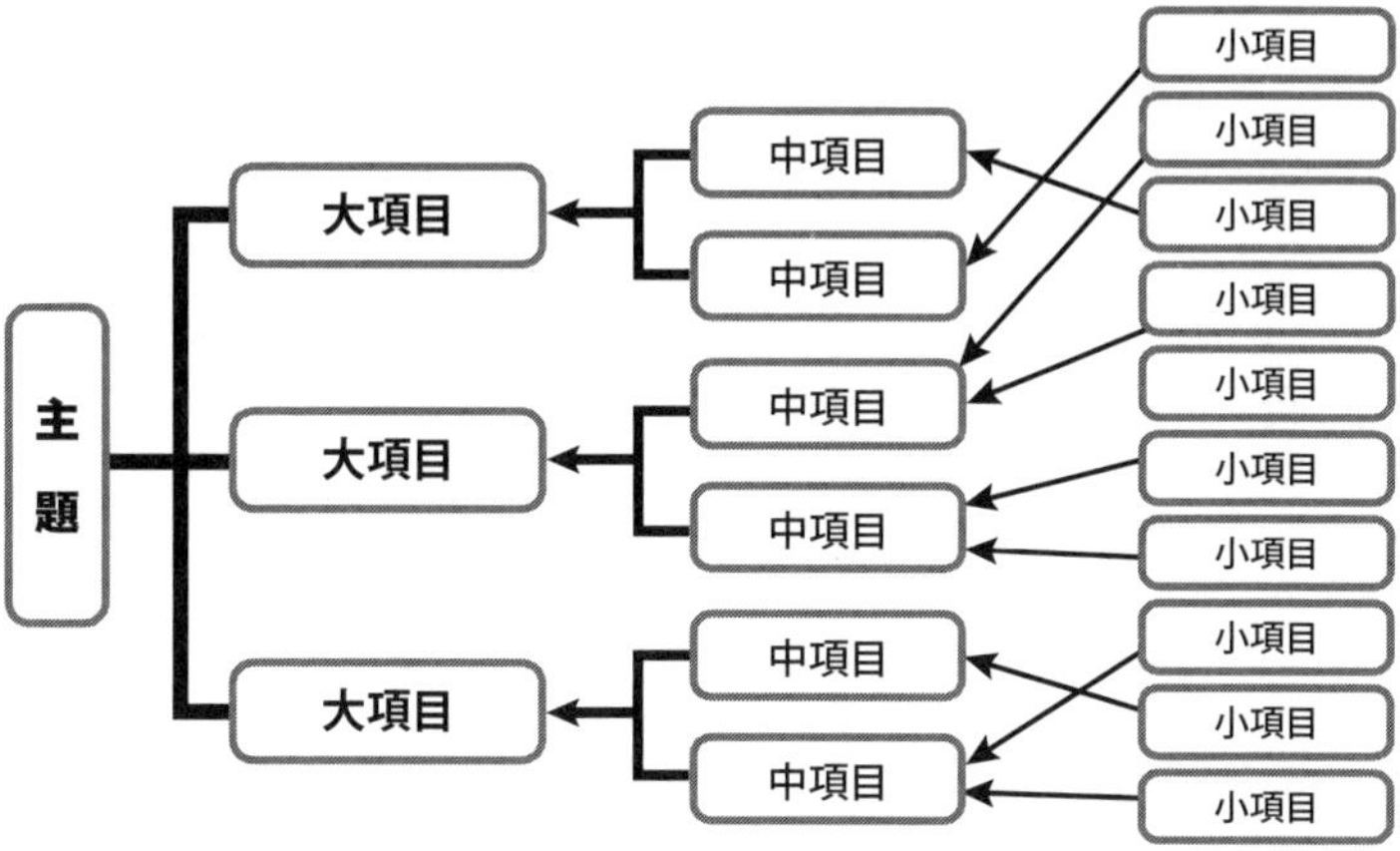

から左に順に中項目、大項目とまとめていきます。

③主題（ひとことで言えば）を明確にする

大項目まで整理できたら、話したい内容を、新聞の見出しのように20文字前後で表現できるようにします。

ここまでまとまった内容を、話すときには、左の主題から、右の大項目、中項目、小項目（詳細）へと話していけば、簡潔でわかりやすい話の構成になります。

④理由、根拠を明確にする

項目が整理されることで、簡潔で、筋道の通った話の構成になってきます。

さらに、論点を裏付けるためには、「なぜ

そのように考えるのか？」「それを裏付けるデータ、具体的な事例は？」という聞き手の疑問に応える必要があります。話したい内容を裏付ける理由、根拠を用意すれば、**簡潔な構成の組み立て方**の完成です。

言いたいことを「ひとこと」で表現できるか？

わかりやすく話す前提の４つ目は、たくさんの話したい内容がひとことで表現できるようになっていることです。

◎主題とは見出しやキャッチフレーズのようなもの

３分以上の話（約１１００文字以上）を20文字前後で表現できるようにすると、わかりやすさの度合がぐっと高まります。

数千文字の内容を、短くまとめて表現している身近な例として、**新聞記事の見出し**があります。新聞には見出しがあって当たり前と思っていますが、人にきちんと話を伝えるときにも、**「見出し」を意識すると効果的です。**

スポーツ紙の見出しは、記事ができていても、締め切り時間ギリギリの最後の最後に決

もし、新聞に見出しがなかったら読む気にならない

めると聞いたことがあります。見出し（主題）によって、翌日の販売数に大きく影響するからです。

新聞の見出し以外では、キャッチフレーズ、キャッチコピーも主題のイメージです。

たとえば、２０２０年に東京で開催される第32回オリンピック競技大会（２０２０／東京）、東京２０２０パラリンピック競技大会のCMで流れている「東京２０２０（トウキョウニーゼロ ニーゼロ）」というフレーズもキャッチフレーズ、主題と言えます。大会の正式なビジョン（主題）は「スポーツには世界と未来を変える力がある。」ですが、２０２０年に向けた、東京と日本の一体感を促す効果が「東京２０２０（トウキョウニーゼロニーゼロ）」に込められていると思います。

余談ですが、週刊誌の表紙には、記事の見出し（主題）が羅列しています。週刊誌は手元で何回も読むことができるので、主題が多くなっても問題はありません。しかし、話し方の場合は、何度も聞き返して確認することができないので、くれぐれも主題のオンパレードにならないように気をつけてください。

短い言葉で表現ができるということは、言いたい内容が、コンパクトに整理されている証でもあります。

主題は、話全体の主題だけではなく、内容構成図の大項目、中項目も見出しをつけて話すと、聞き手は非常にわかりやすく感じます。

説明会に参加をした聞き手は、「まあ　ちょっと聞いておこうか」という程度で聞きはじめることも少なくないと思います。

最初に全体をひとことで表現してから、詳細に入っていき、大項目、中項目にも見出しをつけて話す習慣を身につけることで、話し方は大きく変わります。

◎主題の１行化の例

主題の内容や効果を説明しましたが、「実際にどのようにしたらいいのか？」と感じて

見出しのない話はわかりにくい

長々と話すと相手もうんざり

短い話だとイキイキと聞いてもらえる

おられる方も多いかもしれません。主題の1行化をどのようにしていくか、その手順を「環境問題」をテーマにした話を例に紹介します。

話す時間が3分以上と長くなれば、話す視点や内容が複数になるので、より主題を明確に伝える必要があります。

①自分が話したいことを大まかに書き出してみる

どのような論点で話すかを明確にするために、自分の問題意識や主張を書き出してみましょう。

・環境問題は重要な課題である
・すでに温暖化が進んでいて、現実に問題が起きている
・温暖化の原因の主なものは二酸化炭素排出
・企業の協力が少ない
・国としての取り組みが甘い
・世界的に合意が進まない
・後世によい環境を残したい
・自分たちの問題を他に責任転嫁していないか

・二酸化炭素排出を少なくするために自分たちは何か実行しているか
・われわれ自身の取り組みも甘いのではないか

②書き出した内容を眺めて、どんな論点で説明するかをあらためて考える

右記の例で言えば、自分たちのことから世界的なことまで広範囲に広がっており、いろいろな論点の内容が入っているので、整理して論点を絞る必要があります。

書き出した内容をじっくり眺めてみると、「国や世界的な規模での対策が必要」という論点と「自分たちができることをやっていないのではないか」という論点に分かれるようです。

③論点と話す内容を決める

まず、「国や世界的な規模での対策が必要」と「自分たちができることをやっていないのではないか」のどちらが自分の言いたいことかを考え、主たる論点をどちらかに決めます。

④話そうと決めたことを、ひとこと（20文字程度）で表現できるようにする

仮に、「自分たちができることをやっていないのではないか」という論点で発言しようと決めたとするると、主題の1行化は、次の例のようになります。

☆「環境保全は自分たちの問題、自分でできることから始める」（26文字）

ちなみに、「国や世界的な規模での対策が必要」という論点で話す場合の主題の1行化の例を挙げると、次のようになります。

☆「個人の努力では限界、国際レベルでの取り組みが必要」（24文字）

3分以上の話を、20文字程度で表現するのは、最初はたいへんかもしれません。しかし、右の2つの例のように、主張点がまったく異なり、それによって本論のまとめ方が大きく変わってくるので大切なことです。

自分の主張の立脚点を明確にし、日頃から主題の1行化をする習慣をつけておくと、いろんな場面で有効です。

主題の１行化は、頭の中で考えるのではなく、文字にして書くことがポイントです。文字にすることで、ぼんやりとしていたものが、曖昧でなくなり、絞り込みができます。

◎松尾芭蕉、夏目漱石に学ぶ主題の１行化の例

主題に相当することは、昔の書き物にも出てきます。

１つ目は、松尾芭蕉の『奥の細道』の冒頭の文章です。

「月日は百代の過客にして、行かふ年も又旅人也」

これは、『奥の細道』という作品全体のはじめにあたって、「私がこれから話をすることを、ひとことで言いますと、『月日は百代の過客にして、行かふ年も又旅人也』ということです。」というようになるのではないでしょうか。

２つ目は、夏目漱石『草枕』の冒頭の文章です。

「山路を登りながら、こう考えた。

智に働けば角が立つ。情に棹させば流される。意地を通せば窮屈だ。とかくに人の世は住みにくい。」

『奥の細道』とは倍くらいの長さの主題になりますが、全体の考え方がよく伝わってきます。私はこれらを高校生のときに、興味を持って暗記をしたことが、いまだに記憶に残っています。

私たちの話のなかでも、主題を上手に表現していけば、わかりやすく、記憶に残る話ができると言えるのではないでしょうか。

相手の理解度に合わせて伝える

◎自分と相手の理解度は違うもの

わかりやすく話す前提の5つ目は、準備した内容を、相手の理解度に合わせて話すことです。相手によって、話す内容を臨機応変に変えて話すことが大切です。とくに、初対面の人や、大勢の人の前で話す場合は、聞き手の状況を把握して話します。

相手の状況（男女、年齢、経験など）や理解度を考慮しないで、自分が準備した内容を予定通りに話して終わりにするようなことがないようにしたいものです。

以下の例は、電話の子機が通話できなくなってしまったので、お客様サービスセンター

（SC）に私が電話をしたときのことです。

SC「親機と子機の電源を抜いて、30秒くらいしたら、電源を入れ直してください」
私「やってみましたが、変化はありません」
SC「それでは、他に原因があるかもしれませんが、もう一度やってみて変化がないようでしたら、またお電話をください」
……数分後
私「やはり、変化はありません。……あのう、親機と子機の充電器の電源ケーブルをコンセントから抜けばいいのですよね」
SC「いえ、子機のほうは、カバーをはずして子機本体のバッテリーを抜いてください」
私「子機の電源とおっしゃるから、子機の充電器のケーブルを抜いていたのですが、本体を開けて、中のバッテリーをはずすのですね」
SC「はい、そうです」

サービスセンターの方の頭の中では、「電源を抜く」ということは、「親機の場合は、コンセントから電源ケーブルを抜くこと」であり、「子機の場合は、電源ケーブルではなく、バッテリーをはずす（抜く）こと」で、「電源を抜く」という表現で相手に伝わると思っていたようです。

たしかに手順通りに説明をしてくれたのですが、私が疑問に思って「親機と子機の充電器の電源ケーブルを抜けばいいのですよね」と確認をしなかったら、「電源を抜いて回復しないなら、修理依頼をしてください」というような処理になったかもしれません。

自分の理解度と相手（聞き手）の理解度は違うものだという前提に立って、言葉の定義を明確にしたり、補足したり、確認をしたりしながら話すことが大切です。

3 長い話をスッキリ伝える3つの技術

基本は「1分間話法」と同じ

◎1分間話法の構成が基本

1分間話法の基本構成（53ページ）ができていれば、多岐にわたる内容を、「1つの発言は1分間」ということを念頭に置きながら拡張していくことで3分以上の話ができます。

その方法のイメージは次のページの図の通りで、3分以上の時間が確保できる場面では、より相手の知りたいこと、自分が伝えたいことを掘り下げて幅広く伝え、聞き手の理解・納得を深めることができます。

別の視点からお話ししますと、たとえば、もともと5分くらいは必要だと思っていた内容があったとします。

しかし、与えられた時間が1分しかないということであれば、たとえば、3分で話せる

1分間話法の構成と3分以上話すときの構成

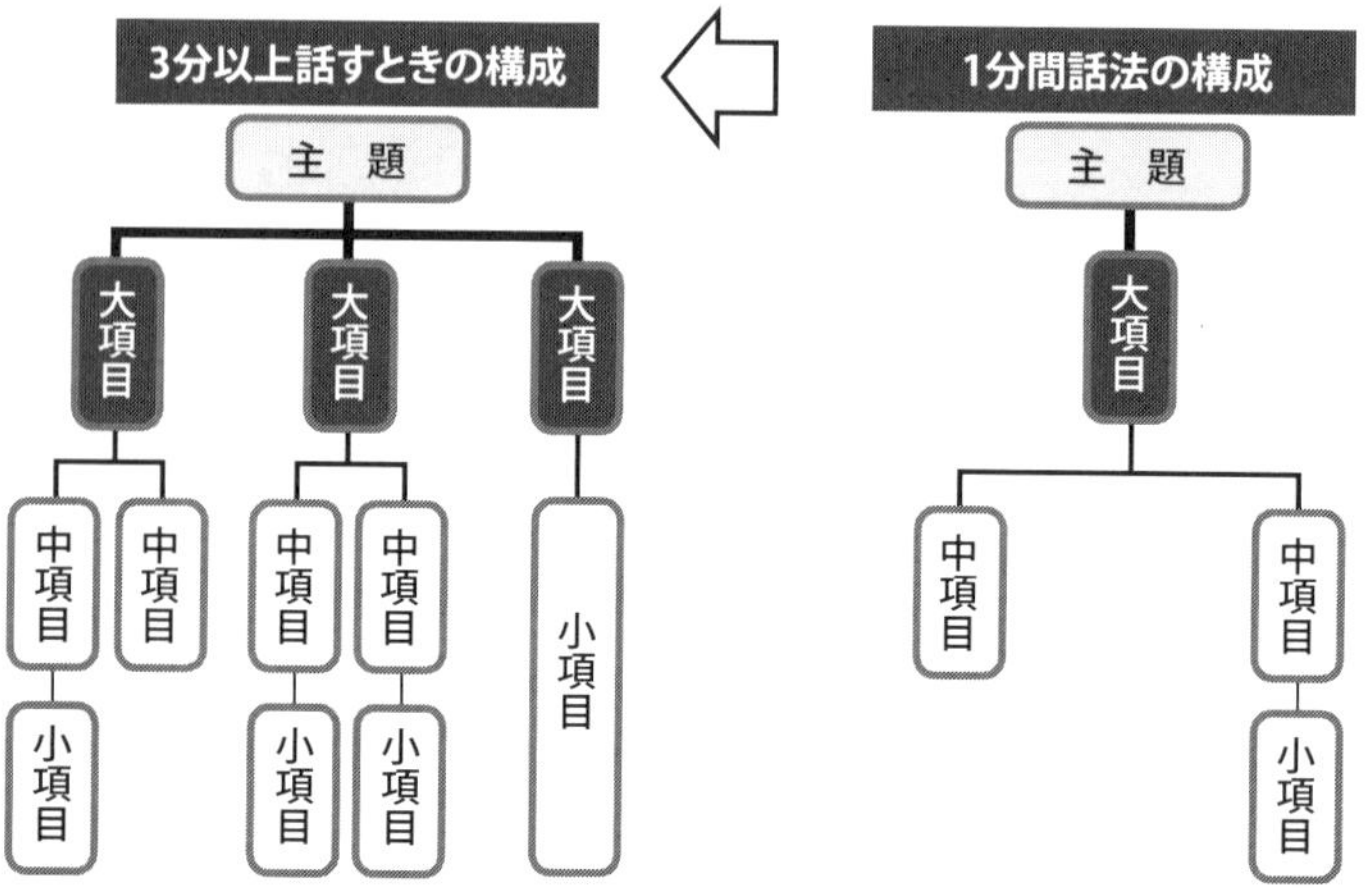

内容構成の検討を経て、さらに絞り込んで、いちばん言いたいことを1分間で話すことができます。この2つの構成を、場面によって使い分け、与えられた時間に応じて、最大限の効果が出るようにする方法がこれからお伝えする3つの技術です。

もちろんこの場合も、第2章で説明した「スッキリ法」（55ページ）を使って、スッキリ話しはじめて、スッキリと話の着地をしてください。

◎わかりやすく伝えるための3つの技術

話す場面や内容に応じた伝え方の方法として**「項目先行法」「四部構成法」「AREA法」**の3つがあります。詳細は、次節以降で説明します。

4 項目先行法

「結論→詳細」の順番で話す

◎話は全体から部分に展開していく

ボリュームのある話の構成は、実際に話す場合、どんな順序で、どこから話したらよいでしょうか。

項目先行法とは、「主題」「大項目」「中項目」「小項目」の順で話す、話の展開法です。

まず、上位概念である「全体」（主題、大項目）を示して、次に、「部分」（中項目、小項目）に落とし込んでいくと、筋道の通った、わかりやすい話になります。

研修などの実習で、せっかく内容の構成ができているのに、詳細から主題（部分から全体）に話をしていく方がいます。

「詳細（小項目）から話していく狙いや意図は何ですか？」と理由を聞いてみると、

「何を話そうかと考えて構成をつくりあげていったので、そのときの思考の順に話していけば、いちばん話しやすいのでそうしました」

「背景や状況の詳細を順に話していったほうがわかりやすいと思ったので」

などの答えが返ってきます。

ちなみに、詳細・経過や具体的な事象、現象から話していく展開法を**ストーリー展開型**と言っています。

たとえば、テレビのサスペンスドラマなどはストーリー展開型と言えます。しかし、通常の会話では、何を言いたいのかがわかりにくくなりがちです。

一方、主題から詳細（全体から部分）に話をしていく方法が、**項目先行型**の話し方です。

項目先行型のポイントは、内容を検討してまとめていく準備段階では、**「部分から全体へ」**検討していきますが、人に話す場合は、**「全体から部分へ」**話をしていきます。

サスペンスドラマは、項目先行型で、結論とあらすじを聞いてしまうと、何の興味もなくなり、ワクワクしながら観ることはできないので、ストーリー展開型が合っているわけです。

しかし、きちんと内容を伝えなければならないときに、ストーリー展開型で話すと、わかりにくく、相手をイライラさせてしまいがちなので、仕事の多くの場面では、**項目先行型**の話し方をおすすめします。

たとえば、仕事で問題が発生して、その中間報告を受ける場面で、Mさんが、ストーリー展開型で報告をしたとします。

「この2日間、みんなで手分けをして、いろいろ検討をしてきました。最初に、○○が原因だろうと思って調べたのですが、どうもそうではなさそうなので、次に△△を調べましたら……」

私が報告を受ける立場であれば、途中で、「Mさん、細かなことはあとでいいから、要するにどうなったのですか？　結論から言ってくれますか？」と口をはさむことになると思います。

この場面では、結論を優先して、「結論から申し上げますと、10分前に修復が完了し、問題は解決しました。原因は2つありました。1点目は作業ミスで、2点目は、部品の劣化による性能の低下でした。詳細を補足しますと、……（以下省略）……以上です」というような展開で話すとより伝わりやすくなります。

◎ＮＬ法で項目を予告する

全体から部分に話していくときに、「原因は2つありました。1点目は作業ミスで、2点目は、部品の劣化による……」のように、大項目の数（ナンバリング）を予告して、次に大項目に見出し（ラベリング）をつけて話していくと、聞き手の頭の中が整理されて、非常にわかりやすくなります。

これは、**「ＮＬ法（ナンバリング・ラベリング）」**という方法です。

人の話を聞くときに、意識して聞いてみてください。わかりやすい話をする人の大半の方は、上手にＮＬ法を使っています。

話し手が、ＮＬ法で話すと、聞き手は、非常にメモがしやすくなります。メモのしやすい話はわかりやすいので、聞く側の負担が小さくなります。みなさんもメモがしやすい、聞き手の負担を軽くする話し方をふだんから意識しましょう。

5 四部構成法

話の最初と最後は「結論」

◎結論に重点を置いた構成法

四部構成法とは、「結論」→「序論」→「本論」→「結論」の順に話す方法です。

第2章で「コンパクト三部構成法」(63ページ)を解説しましたが、その発展型として「結論」「序論」「本論」「結論」と展開していく考え方です。

準備する内容は、コンパクト三部構成法と同じ「序論」「本論」「結論」の3つですが、ボリュームのある話を伝える場合、イントロが長いと結論がわかりにくくなることもあるので、口頭でわかりやすく表現するために、**最初と最後を結論**にしましょう、という方法です。

ちなみに、四部構成というと、「起承転結」が頭に浮かびますが、日常の話し合いや説明や報告などの場面では、そぐわないケースもあるのでここでは割愛します。

私が学生の頃、報告書や論文を書くときに、先輩の資料を参考にしながら、とにかく「序論」「本論」「結論」にはめ込んで書いていました。

表現としては、「はじめに」「本論」「終わりに（結び）」にすることが多かったと記憶していますが、流れは一貫して同じで、それが書き方のお手本であり、そうするものだと思っていました。

振り返ってみますと、「序論」「本論」「結論」という形式の影響で、論文だけではなく、口頭報告や意見を言うときに影響が出てしまいました。

結論や結びを最後に話してしまう癖がついてしまい、社会人になってから、A4用紙1枚に簡潔に報告を書くときに、「わかりにくい」と上司から指摘を受けた記憶があります。

構成内容のポイント

簡単に「冒頭に話す結論」「序論」「本論」「最後に話す結論」の要点を説明します。

◎冒頭に話す結論

場面、話す内容によって結論の表現は変わりますが、次の通りです。

▼主題（言いたいこと）を伝え、序論につなげていく

▼本論で展開する内容のキーワードを先に述べ、序論、本論への期待を持ってもらう

◎序論

序論は本論への導入の役割をするものです。

▼その場に関連のある話題や話す内容に関連のある話題から入る

▼身近な話題や具体例（自分の体験、他の人から聞いたことなど）から入る

▼内容の大項目を予告して本論につなげる。パワーポイントの場合は目次を表示する

◎本論

本論の内容を、３～５項目の大きなくくりにして、１つの構成あたり、１分間や３分間にまとめて、すでに述べてきた話法を活かして話していきます。

◎**最後に話す結論**

最後の結びは、次のような方法があります。

▼すでに述べた主題（言いたいこと）を結びとして、再度述べる

▼本論で展開した内容のキーワードを要約して、確認する

▼聞き手に聞いてもらった、お礼、感謝を述べて結ぶ

6 AREA法

論理的に伝える話し方の型

◎結論が明確なので主張が伝わりやすい

欧米などでよく使われるＡＲＥＡ法は、「Assertion」「Reason」「Evidence or Example」「Assertion」の頭文字をとった論理的な話の展開に適した話法で、Ａ→Ｒ→Ｅと話を展開して、最初のＡで結ぶ方法です。

①Ａ……明確な主張・言いたいこと（Assertion）

まず、最初に「ひとことで言うと、何を主張したいのか」を明確に表現します。この場合のひとことも、20文字程度で表現をしてください。

②R……理由・根拠を明示（Reason）

「なぜなら……」と相手が抱く疑問点や不安感を想像し、相手が納得できるように、理由・根拠を提示します。

③E……論証・具体例の提示（Evidence or Example）

論理的に主張と理由を述べても、それだけでは抽象論になってしまう可能性が高く、それでは人は納得しない可能性があり具体的な事例の提示が必要です。

具体例は、直接自分が体験したことや実施したことがいちばん効果的です。

④A……最初の主張・言いたいことで結ぶ

「したがいまして、最初に言いましたように……」など、伝えたいことを繰り返して話し、力強く結ぶ。

世の中には、「AREA法」以外にも、「PREP法」「CREC法」などがありますが、同様の展開です。

◎AREA法になっていない例（AREAの要素がバラバラな例）

タイトル：「男の料理」

え〜、いろいろあるのですが、30代の奥さんが2週間入院したAさんは、コンビニ弁当を食べていたそうです。それを知った奥さんが不機嫌になって、しばらく口もきかなかったそうです。

Bさんは最近、男の料理教室に通って、奥さんが出かけていても、自分で食事をつくっているらしく、「女房から怒られなくなった」と自慢をしているそうです。

今は、共働きも多くなって、専業主婦の人が少なくなっていますので、「旦那さんの帰りを待って料理をつくっている」という状況ではなくなったと思います。どちらが先に帰宅をするかもまちまちで、奥さんが出張で留守ということも出てきます。

そのようなかで、奥さんが留守のときには、自分で料理をつくって、奥さんに迷惑をかけないと言い切れる人は少ないのが現状ではないでしょうか。

若い人であれ、定年退職後であれ、男性も、料理の勉強をして、自分で食事をつくれるようにしたほうがいいのではないかと思うのです。

とくに定年で退職をした世代は、もっと厳しい状況だと思います。

◎AREA法を使った例

A……主張・言いたいこと

私は、「男性も料理を習って、自分で食事がつくれるようになりましょう」と思っています。

R……理由

なぜ、そのように言うか、理由は2つあります。

1点目は、「奥さんの負担が軽くなる」という理由です。

今は、共働きも多くなって、専業主婦の人が少なくなっていますので、「旦那さんの帰りを待って料理をつくっていればよい」という状況ではなくなってきていると思います。どちらが先に帰宅をするかもまちまちで、奥さんが出張で留守のことも出てくる状況だと思います。

そのようななかで、男性が簡単な料理をできるようになっていれば、奥さんが留守のときでも、食事をつくって食べることができ、奥さんの負担が軽くなり喜ばれます。

2点目の理由は、「家庭円満になる」ということです。

奥さんが留守のときに、自分の食事をつくるだけではなく、奥さんが仕事で遅く帰ってきたりしたときには、先に帰っている男性が夕食をつくっていれば、奥さんの肉体的、精神的な負担が減るので、嫌がられたりケンカをしたりすることがなくなり、家庭が円満になると思います。

E……具体例

30代の奥さんが２週間入院したAさんは、コンビニ弁当を食べていたそうで、それを知った奥さんは、入院している間、気になり、不機嫌になってしばらくは口もきかなかったそうです。

そんなときに、ちゃんと自分で食事の用意ができれば、奥さんも安心して療養に専念できると思います。

Bさんは最近、男の料理教室に通って、奥さんが出かけていても、自分で食事をつくっているらしく、「女房から怒られなくなったし、家庭円満になった」と自慢をしていました。

A……主張・言いたいこと

この２つの理由から、「男性も料理を習って、自分で食事をつくれるようになりましょう」

AREA法と同類の話法

展開	PREP法	CREC法	AREA法	ポイント
❶	Point 要点	Conclusion 結論	Assertion 主張	いちばん言いたいことを先に言う（要点、結論、主張、特徴、目的など）
❷	Reason 理由	Reason 理由	Reason 理由	言いたいことの理由を言う
❸	Example 具体例	Evidence 根拠	Evidence or Example 根拠、具体例	・具体例を話す ・理由の根拠を話す
❹	最初の要点で結ぶ	最初の結論で結ぶ	最初の主張で結ぶ	展開①を繰り返して結ぶ

というのが私の意見です。

「AREA法」になっていない例の場合も、文章で見ると、わかりやすいと感じるかもしれませんが、口頭で聞く場合は、何となくわかった程度にしか伝わりません。

一方、「AREA法」に沿った内容の場合は、意見や理由が明確に伝わってきて、具体的な体験談が整理されて入っているので、説得力のある話し方になっていると言えます。

7 聞き手も話し手も疲れない15分以上の話し方

「1分」「2分」「3分」を組み合わせて話を構成する

◎聞き手を飽きさせないように組み合わせを工夫する

仮に15分間の話をする場合も、15分間の内容を分解すれば、次のページの図のイメージのように、**短い話の組み合わせ**（積み上げ）になると言えます。

15分間というのは、話す側にとってもたいへんですが、聞く側はもっとたいへんです。ですから、1つの項目を1分間、2分間、3分間と聞いてもらえる時間内に収めて、「まだあの話をしているよ！」と思わせないように、**シナリオの展開**をしていきます。

15分間の話も、これまで説明した1分間話法と3分以上の話し方を組み合わせていくことで可能になります。

時間が長くなった分、聞き手の負担が増えるので、話し手が、聞き手を飽きさせないよ

15分間の説明の組み立てイメージ

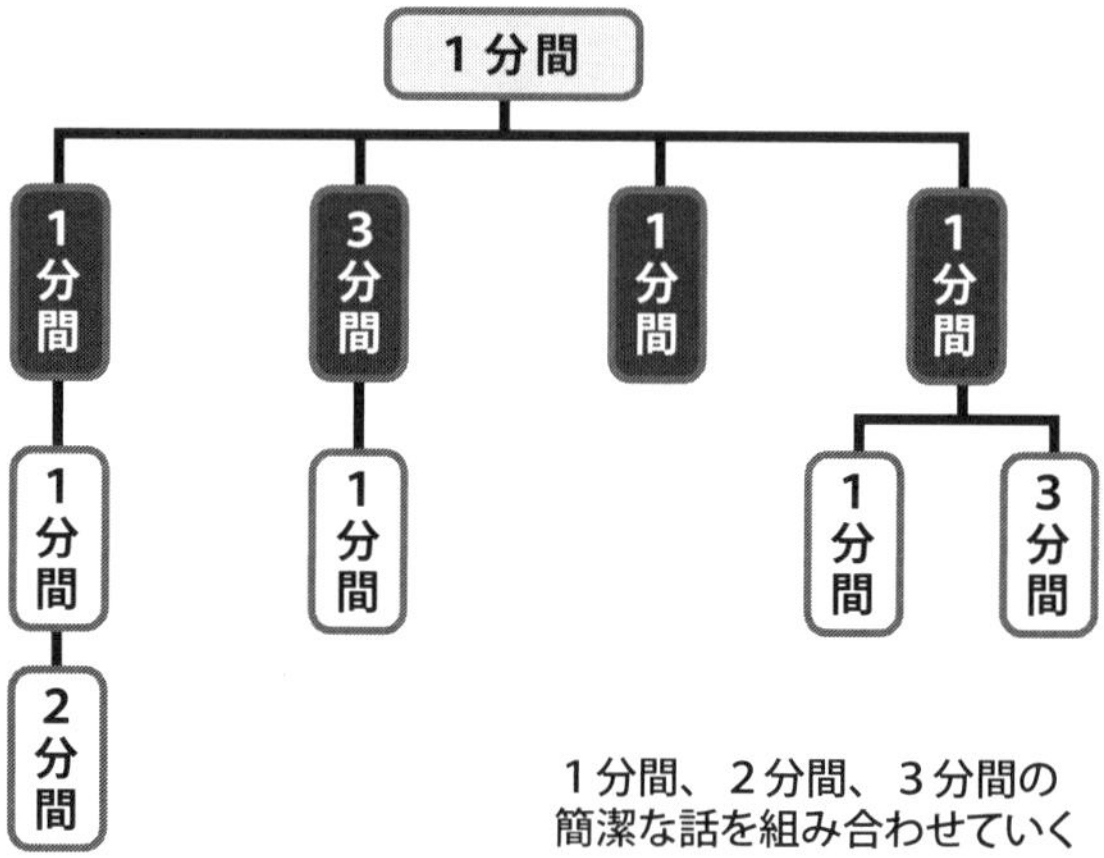

うに、努力をする必要があります。

◎話法、内容構成のイメージを定着させる

これまで話し方の根幹になる部分を学んできましたので、再度、頭の中を整理しましょう。そのうえで、**「スッキリ法」「コンパクト三部構成法」「三角シナリオ法」「項目先行法」「四部構成法」「AREA法」の項目名を見ただけで、10秒くらいでポイントを説明できるようにしましょう。**

そうすることで、今後、話すときに、**「頭の回転が速くなる」「何をどうしたらよいかがわかってくる」「迷わなくなり、自信がつく」「よい結果が得られ、成功パターンが身につく」**ようになります。

◎話し方の３原則を整理して叩き込む

いろいろな表現のポイントを、「話し方の３原則」としてまとめると**「わかりやすく」「簡潔に」「印象深く」**になります。準備をしていく途中や準備の区切りがついたときに、今、自分が準備をした話は、相手の立場になって考えて、

「わかりやすいか？」

「簡潔に整理されているか？」

「具体的で印象に残るような内容になっているか？」

と自問自答をしてください。

チェックの結果、１つでも「ＮＯ」であった場合は、「ＹＥＳ」になるように修正をしてください。

３項目とも「ＹＥＳ」になれば、すでに80％は成功したに等しいと言えます。３原則の詳細は、次ページの表の通りです。「わかりやすく」「簡潔に」「印象深く」は、いつでも言葉に出るようにしましょう。さらに、「表現の工夫」は、自分の課題と照らし合わせて、**自分なりの３原則をつくってみましょう。**

話し方（表現）の3原則

3原則	ポイント	具体的な方法
わかりやすく	関係の明確化	• 順序、関係を明確にする • アウトラインを予告する（ＮＬ法で） • 理解度に応じて話す • わかりやすい言葉を使う
簡潔に	核心の明確化	• 言いたいことを、ひとことで表現する（主題の１行化） • 要所をキーワードで押さえる • センテンスを短くする • リハーサルをして、ムダをはぶく
印象深く	印象の明確化	• 具体的に話す • 山場を強調する •「切り出し」と「結び」を工夫する • 熱意を持って話す

第３章　まとめ

①話し方の５つの機能は、
「親和機能」「共感的機能」「理解の機能」「納得の機能」「説得の機能」

②わかりやすく話すための前提
自分自身が、内容を十分に理解する
「誰に」「何を」伝えるのかを明確にする
言いたいことの順番を整える
言いたいことを「ひとこと」で表現できるか？
相手の理解度に合わせて伝える

③仕事の場面では、項目先行法（結論優先法）

④わかりやすい話は、「要するに、たとえば」の往復作業

⑤メモのしやすい話は、わかりやすい話（NL＝ナンバリング・ラベリング法）

⑥論理的な話は、「主張」「理由」「具体例」で決まる

⑦長い話も、１分間、３分間の積み重ね

⑧話し方の３原則は「わかりやすく」「簡潔に」「印象深く」

第4章
相手の五感を刺激すると、もっと伝わる

1 話し方のコツは言葉だけではない

言葉いらずの3つの表現方法

◎「音声表現」「非言語表現」「ビジュアル表現」という飛び道具

私たちは、日常の話をする場面で、効果的に相手に伝える手段として、「言語表現」「音声表現」「非言語表現」「ビジュアル表現」の4つの手段を駆使しています。第2章、第3章では、「言語表現」（話の内容構成や話し方の技術）を中心に解説しました。

第4章では、視点を変えて、「言語表現」以外の**「音声表現」「非言語表現」「ビジュアル表現」**の3つについてお伝えします。

話の内容以外にも、どのような声（口調）で、どのような表情やしぐさ（非言語表現）で話すかによって、聞き手の受け取り方は大きく変わります。

2 声は人の感情に影響を与える

「話す速度」「声の大きさ」「口の開け方」「呼吸」を意識する

◎見た目の印象と同じように声の印象も大切

あらゆる場面でのコミュニケーションは、基本的には言葉を音声として発声して伝えていきます。

人の声は、聞き手の耳に入ると、感情を刺激して、言葉による内容をさらに豊かに表現していきます。それゆえ、口調や声の大きさ、速度などを内容と同じくらいに重要視して考えることが大切です。

ＴＢＳテレビの朝の番組に出ている気象予報士のＮさんは、スタジオから「Ｎさ～ん」と呼びかけられると、「おはようございます！」と、さわやかな声と笑顔で画面に現れます。

声のトーンが、朝のさわやかさまでつれてくる感じで、テレビ画面を通して聞いているこちらの口もと、目もとまでゆるんでしまう気がします。第一声の印象で、明るい気持ちになったり、暗い気持ちになったりします。

◎録音した自分の声がヘンな理由

高校生の頃、はじめてテープレコーダーで自分の声を聞いたときは、「自分の声ではない！」とショックを受けた記憶があります。今でも、「もう少しましな声のはずなのに……」と思うことがあります。

なぜ、「自分の声ではない！」と感じるのか。それは、声が伝わるルートに起因します。自分が発した声は、声帯の振動をもとにして、頭蓋骨や胸などで共鳴をして口から出ていきます。

こうして空気中を伝わった声は、テープレコーダーや他の人が聞いている声と同じです。もちろん、空気中を伝わった声は、自分自身の耳にも入ってきますので、このルートだけだと、録音で聞いた声と自分が認識している声は同じになります。

ところが、このルート以外に、頭蓋骨などを経由して伝わってくる骨伝導の声があるので、自分が聞いている声は、この2つのルートからの合成された声になります。

「自分の声ではない」と思っているのは自分だけで、録音した声が相手に聞こえている本当の自分の声です。ときどきＩＣレコーダーなどに録音をして、他の人に聞こえている自分の声の印象をチェックしてみましょう。

自分の声を客観的に認識していないと、聞き手に与えている印象と実際との間に大きな差が出てしまいかねません。

「声」は、声質だけではありませんので、**話の内容を声で支えられるように**、声質以外も客観的にチェックして、**準備した内容が、１００％の効果で伝わるようにしましょう。**

話す速度

１分間に３５０文字程度の落ち着いた速度から、テンポのよい１分間に４００文字の間で、緩急をつけて話すことができれば、メリハリのある話し方になります。

早口の人は、口の開け方が小さい場合が多いので、口を大きく開ける意識を持って話すと、自然とゆっくりした話になります。

自然にというのは、口を大きく開ける分、零点何秒多く時間がかかるからです。

単に遅く話そうと意識するより、**口を大きく開ける意識を持って話すことが、早口の改善の近道です。**

声の大きさ

自分の声の大きさを確認するには、自分の話を録音して再生しただけでは、機器の録音レベルや再生レベルで大きさは変わりますので、比較をする対象が必要です。

研修の場では、同じ録音レベルで、同じ距離で、40名くらいの方々の録音をしますので、比較の対象が明確で、客観的に自分の声の大きさを確認することができます。

たとえば、「ふだんより大きな声を出したのですが、まだ声が小さいですね」と客観的に認識できます。

個人の場合は、友人やご家族に協力をしてもらって、同じ条件で録音をして、比較する物差しがある状況でチェックをしてください。

声が大きすぎる方もときどきいます。

内容を邪魔するほど声が大きいと、音量としては十分ですが、逆に内容を聞く耳が閉じてしまいますので、適切な声の大きさを確認してください。

発声

発声は、口の開け方と呼吸法が大切です。

口をあまり大きく開けなくても言葉にはなりますが、いわゆる滑舌が悪いと、言葉の明瞭度が下がるので、137ページの図を参考に鏡の前で「アイウエオ体操」をして、口が正しく開いているかチェックをしましょう。

「アイウエオ体操」のような発声トレーニングは、声を出す職業の方々にとっては当たり前のことですが、声が通りにくい方は、朝のうがい（私はお茶でうがいをしています）と「アイウエオ体操」をセットで行なってみてください。

声の出し方は、のどから声を出すのではなく、「お腹から声を出すイメージで」とよく言われますが、「ため息」をついたときの声が、お腹から出している声です。

実際にやってみると、イメージがつかめると思います。

語調・口調

文字で書くと同じ言葉でも、語調、口調によって印象が変わります。

私たちは、同じ言葉を、いろいろな場面や状況に応じて、気持ちを乗せて発声します。

仕事で疲れて帰る電車で、やっと座れたところに年配の方が前に立たれると、「う〜ん、どうしようかな、しょうがないか」という気持ちで、「どうぞ」と言った場合と、疲れもなくて、２駅先で降りる状況で「どうぞ」と言った場合のトーンは大きく異なると思います。

また、後輩に文書の修正を指示した場合、後輩が納得をして「わかりました」と言う場合と、「もう3回も修正させられて、また修正?」と思っているときの「わかりました」と言う場合では違います。まったく意識をしていない自分の語調・口調が、たとえば、「文句ばかり言っている」「熱意がない」などと伝わってしまう場合は問題です。そうならないように注意をしましょう。

一方、自分が聞き手の場合は、相手の語調・口調から伝わったことを、「意識的な表現」か「無意識的な表現」かを見極める必要があります。

どうもコミュニケーションがうまくいかない場合とか、**同僚と同じ意見を言っているのに、自分の意見に対する上司の反応が悪いような場合は、相手ではなく、自分に問題がないかと考えてみると、答えが見つかる確率が高くなります。**

発音・発声と口の開き方

鏡を見ながら自分の口の開き方をチェックしてみましょう

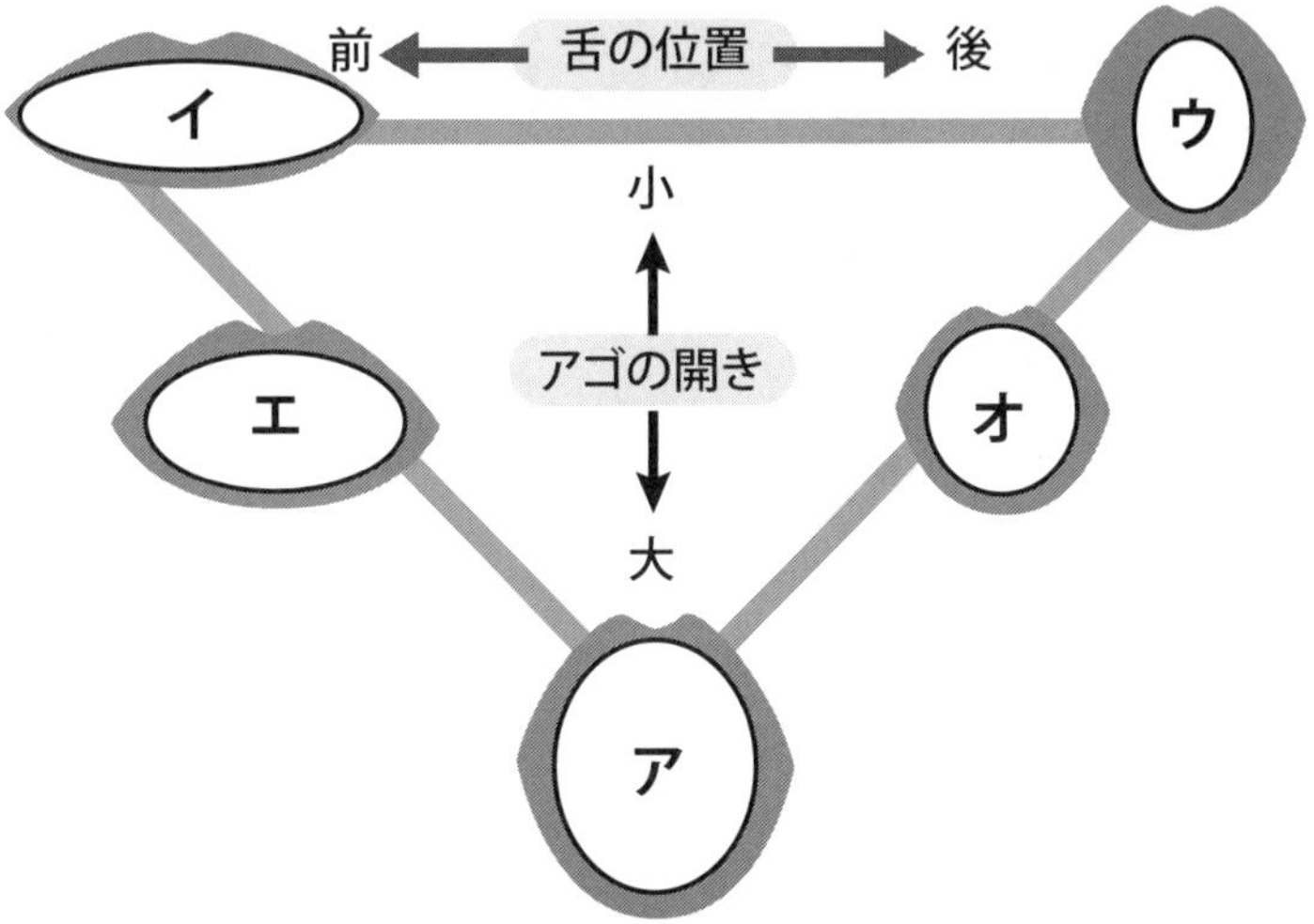

アイウエオ体操の基本型

ア	・	エ	・	イ	・	ウ	・	エ	・	オ	ー	ア	・	オ
カ	・	ケ	・	キ	・	ク	・	ケ	・	コ	ー	カ	・	コ
サ	・	セ	・	シ	・	ス	・	セ	・	ソ	ー	サ	・	ソ
タ	・	テ	・	チ	・	ツ	・	テ	・	ト	ー	タ	・	ト
ナ	・	ネ	・	ニ	・	ヌ	・	ネ	・	ノ	ー	ナ	・	ノ
ハ	・	ヘ	・	ヒ	・	フ	・	ヘ	・	ホ	ー	ハ	・	ホ
マ	・	メ	・	ミ	・	ム	・	メ	・	モ	ー	マ	・	モ
ヤ	・	エ	・	イ	・	ユ	・	エ	・	ヨ	ー	ヤ	・	ヨ
ラ	・	レ	・	リ	・	ル	・	レ	・	ロ	ー	ラ	・	ロ
ワ	・	エ	・	イ	・	ウ	・	エ	・	ヲ	ー	ワ	・	ヲ

3

印象の約6割は「見た目」で決まる

非言語表現は、「ノンバーバルコミュニケーション（ＮＶＣ）」と言われ、言葉以外の態度や表情から発信されるメッセージのことを言います。「態度の言葉」とも言われ、聞き手は、話し手の「態度の言葉」から伝わってくるメッセージに強い影響を受けやすいので、注意が必要です。

見た目は印象を好転させる強い武器

◎あなたの印象は、見た目で6割近く変わる

非言語表現の要素（見た目）は大きく次の通りです。日頃私たちは、どの程度、見た目を意識しているでしょうか。

▼外見……服装、髪型、化粧、ひげ、もみあげ、靴 など
▼表情……笑顔、ぶっちょうづら、微笑み、明るい、暗い など
▼姿勢……猫背、ふんぞり返る、だらっとした姿勢、大股開きで座る など
▼動作……ジェスチャー、ムダな動き など
▼視線……アイコンタクト（しっかり目線を合わせる、目線が逃げる） など

歌手・女優の小泉今日子さんは、アイドルとしてデビューしたときから努力・訓練で表情筋が鍛えられ、いつでもどんな気分のときでも、すぐに笑顔になれるそうです。彼女のいい笑顔は、生まれつきのものだとうらやましく思っていましたが、あとで、その裏にはたいへんな努力があったのだと聞いて驚きました。

人を喜ばせる笑顔がある一方、人を不快にさせる表情もあります。ある小さな山荘風の旅館に行ったときのことです。

温泉も部屋も食事もよかったにもかかわらず、出迎えてくれたオーナーの奥さんの態度、表情が事務的で、おもてなしをしようという気持ちには見えませんでした。せっかくの温泉の楽しみが半減してしまいました。オーナーの奥さんですから、客は来なくていいと思っているわけではないでしょう。人にどのような印象を与えているのか気づいていないだ

メラビアンの数字

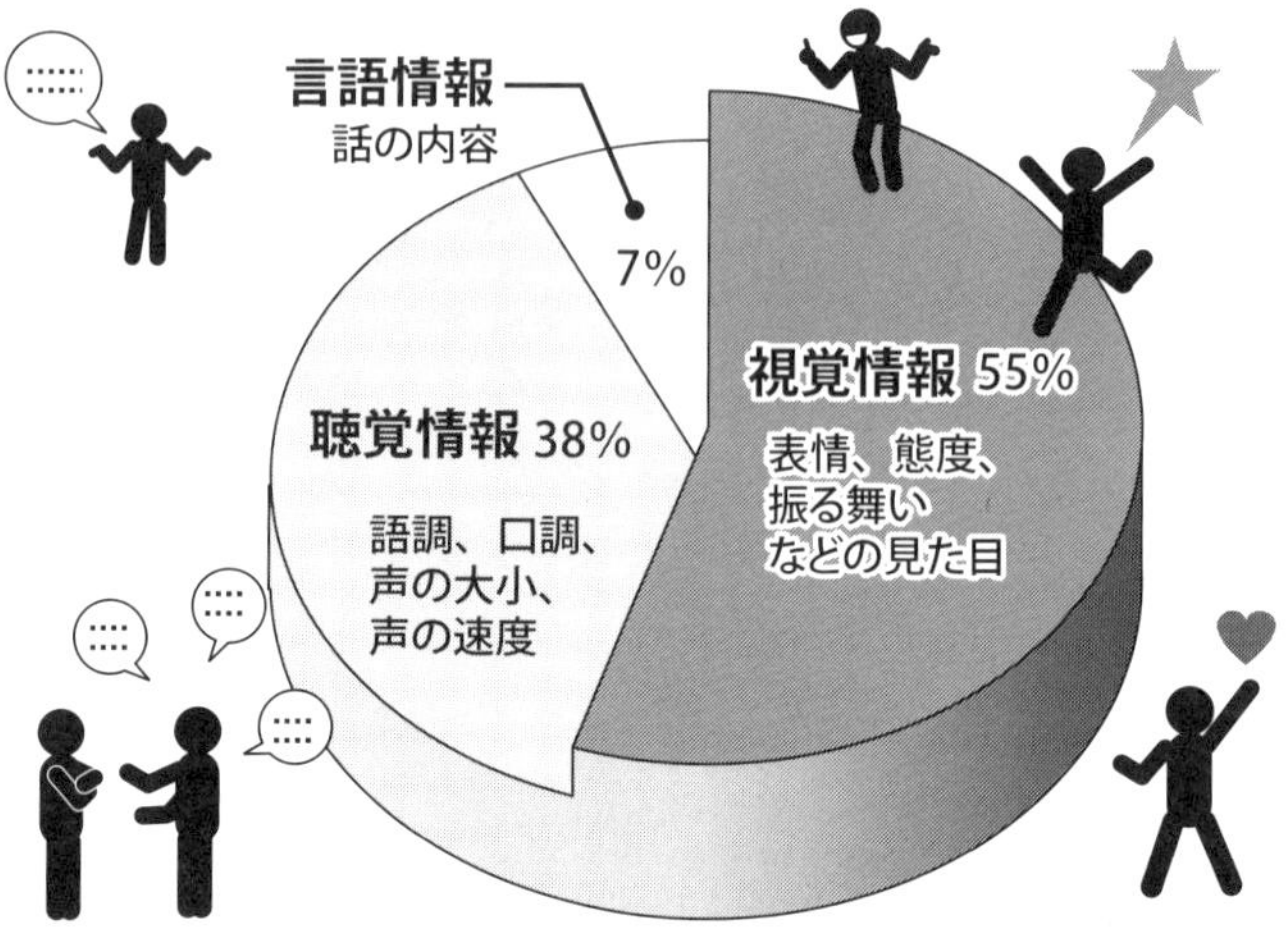

けだと思います。

アメリカの心理学者のアルバート・メラビアンは、対面でのコミュニケーションのときに相手に与える印象度を次のように言っています。

「視覚情報」（表情、態度、振る舞いなどの見た目）55％

「聴覚情報」（語調、口調、声の大小、声の速度）38％

「言語情報」（話の内容）7％

ご存知の方も多いと思いますが、人にどう見えているか、どう見られているかは、自分ではなかなかわからないものではないでしょうか。

このように、**とくに対面でのコミュニケーション**の場合は、視覚の影響度が大き

立ち姿のチェックポイント

※語呂合わせで覚える「せめてあしこしふくくせ」

❶ 背筋 せ	□肩の力を抜く □アゴを引く □背を伸ばす □全体的に自然体で
❷ 目線 め	□話す前に全体に目を配る □１人ひとりと目を合わせる □おだやかに □明るい表情で
❸ 手の位置 て	□後ろで組まない □ムダな動きをしない □両脇にたらす（ナチュラルハンド） □必要なときはジェスチャーとして使う
❹ 足及び腰 あし・こし	□体重を両足に均等にかける □両足を大地にしっかりつける □ヒザを伸ばす □下腹に軽く力を入れる
❺ 服装 ふく	□場に合った服装を心がける □話す前に服の乱れを直す
❻ 癖 くせ	□自分の言葉の癖を知っておく □振る舞いの癖もつかんでおく

チェック：できている○　できていない ×　わからない△

く、人は見た目に強く反応していることを再認識する必要があります。

せっかく内容もきちんと話したつもりなのに、視覚や聴覚の影響で、その内容が、100％↓80％↓60％↓30％というように影響が小さくなっていかないようにする必要があります。

たとえば、会社の通路で、フロアで、上司の前や大勢の人の前で発表する場などで、立って話をする場合は、とくに悪い印象を与えないように気をつけましょう。

前ページの立ち姿のチェックポイントで確認をしてみてください。セルフチェックでもかまいませんが、他の人に見てもらって感想を言ってもらうのがいちばんよいと思います。

◎どんなに見た目がよくても心がなければ逆効果

いくら見た目の影響があるからと言っても、お店でマニュアル通りに、形式的な扱いをされて違和感を覚えた経験はありませんか。

たとえばファストフード店で、笑顔で「いらっしゃいませ」と言いながら隣の店員を気にしていたり、支払いが終わると、まだお客が前にいるのに、お約束の笑顔がスッーと消えてしまったりする場面は決して少なくないと思います。

接遇のプロの集まりであるホテルでも、フロント（男女を問わず）の第一印象で、気持ちょく宿泊できるところとそうでないところがあります。

どこのホテルも接客・接遇の教育は実施されていると思いますが、教育を受けたあとの実践での心構えの違いが出てくるのではないでしょうか。

同じ笑顔で迎えても、お客がフロントデスクのカウンターまで歩いて行く間の違いで印象は変わります。次の２つで比べてみてください。

１つは、フロントデスクのカウンターに到着したときに、笑顔で「いらっしゃいませ」と迎えてくれるところ。もう１つは、ドアが開いて、カウンターまで10ｍくらいのところから笑顔で迎えてくれて、カウンターに着いたら、あらためて笑顔で「いらっしゃいませ」と言われるところです。

前者も決して悪い印象ではないのですが、私がカウンターに近づいて行く間合いを計って、私が目の前に立ったら、〝笑顔モード起動〟というスイッチがオンになる感じで、機械的な笑顔に感じてしまいます。

一方、後者は、心から「いらっしゃいませ」と言ってくれているように感じます。

同じ「笑顔であいさつ」にも、〝心から〟が加わってはじめて効果が出ると思います。

ただ見た目だけをよくしようとしないで、**表情・態度に心を込めて実行したいものです。**

ボディーランゲージは口ほどに物を言う

◎ときにボディーランゲージは言葉以上に語る

言葉だけでは表現しきれないことや、言葉での表現をより効果的に伝えるために、意図的に行なう非言語表現がボディーランゲージです。

ボディーランゲージは、主に表情、動作、アイコンタクト（視線）で表現されます。ここでは、表現の効果を高めるものを「ボディーランゲージ」と言い、意図的でない非言語表現である振る舞いの「癖」とは分けて説明します。

プレゼンテーションの研修で話し方も内容も非の打ちどころがないくらいのプレゼンテーションをされるのに、表情や動作、アイコンタクトなどのボディーランゲージがまったくと言っていいほどない方がいました。

実は、最初は、内容構成も、話しぶりもしっかりしていたので、さらなるプレゼンテーション能力が強化されるのを私も楽しみにしていました。

ところが、２回、３回と発表を聞いていくうちに、内容はきちんと伝わってきて理解はできるのですが、「その商品を採用します」「提案に協力します」という気持ちになれませんでした。

なぜ、そう感じたかというと、よどみなく話されるのですが、笑顔やジェスチャーはなく、アイコンタクトも冷たく感じたからです。

最初は、緊張してあがっているために、表情が硬いだけかと思っていましたが、あとで聞いてみると内容をきちんとスラスラ話すことを重要視していて、いわゆるボディーランゲージという意識はないと言われました。しかも、どちらかと言えば、「ボディーランゲージはプレゼンテーション本来の姿ではない」と考えていることもわかりました。

その後、ボディーランゲージは、意図的な表現のひとつであり、ただのパフォーマンスをするのとは違うことを何とか理解していただき、「もう、話の構成や話し方のリハーサルは十分なので、**相手の頭脳に伝えるよりは、相手の感情・心に伝えるように**」とアドバイスをしました。

過度のボディーランゲージはマイナスになりますが、効果的に話を伝えるためには、適度な非言語表現を意図的に使うことが有効です。

意図しない非言語表現のチェックリスト

チェック内容	相手が受ける印象	自己チェック
後ろに手を組んで話したり、聞いたりする	横柄、威圧的	
腕組みをして話したり、聞いたりする	否定的、威圧的	
相手の顔を見ない（横を向く、下を向く）で、話したり、聞いたりする	無関心、無熱意	
無表情、難しい表情で話したり、聞いたりする	無関心、威圧的	
腰に手をあてながら話したり、聞いたりする	威圧的、倦怠感	
イスの背もたれに深く座って話したり、聞いたりする	無作法、ぞんざい	
目をキョロキョロ動かして話したり、聞いたりする	落ち着きがない	
猫背で話す	自信なさげ	
口もとがゆるんでボーッとして話を聞く	無関心、倦怠感	

チェック：している×　ときどきしている△　ほとんどしていない○

◎意図しない非言語表現には要注意

意図的な非言語表現は、表現の効果を高めますが、これから述べる意図しない非言語表現は、他の表現の邪魔をしてしまう**振る舞いの癖**と言えます。

癖は自分が認識をしていない、伝えたくないメッセージを表してしまい、誤解を受けたりするので注意が必要です。

いつもおだやかな表情をしていて、こちらまで気持ちが落ち着くなどのよい印象ならば問題はありません。しかし表情や態度から、「無関心だ」「不満顔だ」「やる気がない」などと、自分では意図してはいないことが伝わってしまうのは問題です。

非言語表現は、意図したものだけではなく、**意図しないものも伝わる**のだということとを意識してください。さらに言えば、意図的なものより、意図しない非言語表現の影響のほうが伝わりやすく、マイナスの要素が大きいのです。

意図しない非言語表現（癖、うっかり・うかつな表現）で、日常でよく見かける項目を右の表に挙げましたので、チェックしてみてください。

研修でいちばん多く見られる癖は、「後ろに手を組む」「腕組みをする」「難しい表情」「無表情」「猫背」です。あなたは、どうでしょうか。

相手の見た目は、鏡に映った自分の姿

◎プラスの雰囲気もマイナスの雰囲気も伝染する

人は、自分のことは見えにくく、相手のことはよく見えてしまうものです。

日本サッカー協会の川淵三郎元チェアマンが、古河電工の監督をやっていたときに、何となくチームの雰囲気が沈滞しているので、一生懸命気合を入れて雰囲気を変えようとしたという記事を読んだことがあります。

相手の見た目は鏡に映った自分の姿

川淵氏は、雰囲気を変えようと、いろいろ努力をされたようですが、なかなか思うような変化は現れなかったとのことでした。

いろいろ悩むなかで、ふと気がつくと、監督である自分自身が厳しい顔をして暗い雰囲気をつくっていたことに気づいたそうです。

まさに、選手たちの姿は、監督である自分の姿だったのだと気づいて、そこから改善をしていったそうです。

みなさんも、自分では気がついていないことが多いのではないでしょうか。そういう私も失敗を繰り返しています。人は、どうしても自分の立場、見方を最優先して考えがちです。

ときどき、**相手の見た目は、鏡に映った自分の姿**だということを思い出して、「ちょっと待てよ、相手を責める前に、自分は？」と考えるようにしたいものです。

◎見た目には、話し手の心が現れる

私は、総合電機メーカーに勤めていたときに、２０００名以上の採用面接をしました。応募者が面接会場のドアをノックして入って来て、イスに座るまでの印象は、実際に面接をはじめてからの印象とほとんど同じでした。

さらに、その印象は、入社して配属された組織のなかで働く同僚、先輩、上司に与える印象と限りなく同じでした。

もちろん努力によって変わる人も多くいますし、面接で見誤ることもわずかにありましたが、人柄とか人間性の本質は、見た目の印象ににじみ出てくると言えます。

そのような意味でも、第一印象が面接の重要な判断要素のひとつになっています。

若い方で、「出るところに出れば、ちゃんとできる」と言う人もいますが、その人の本質は、思っている以上にすぐ、相手に伝わります。

居酒屋のチェーン店などでのマニュアル通りのあいさつや声かけは、アルバイトでも即戦力になるように訓練するためには効果的です。

しかし、笑顔で「いらっしゃいませ」と言いながら、ガチャンとコップを置いたり、注文を受けて、「……以上でよろしいでしょうか」と言ってメニューを荒っぽく持ち上げたりするなど、形だけの接客がバレバレになっていることも多くあります。

ちょっとした態度や表情に、本心が出てしまい、相手に見透かされてしまうことは少なくありません。

4 話し方を補強するビジュアルツールの活用

ビジュアルツールを有効に使う3つのポイント

◎ビジュアルツールは使い方しだいでプラスにもマイナスにもなる

言葉を音声に乗せて表現するだけではなく、視覚に訴えて表現の効果を高める方法を「ビジュアル表現」と言います。

方法としては、ホワイトボードへの板書、パワーポイントのようなビジュアルツール、フリップボードを使った説明などがあります。

フリップボードは、テレビや国会の各委員会の発表や質疑に多く使われるようになり、口頭だけでは理解しにくかった内容が、よりわかりやすくなりました。

日常の会話や簡単な話ではなく、相手に目的を持って説明したり、プレゼンテーションをしたりする場合は、言葉、声、ボディーランゲージで伝えるだけでは限界があります。

10分間、15分間の説明会、報告会などを声だけで聞いていると、聞き手の負担は大きくなり、時間のわりには、伝えたいことが伝わらなかったり、間違って伝わったりしてしまいがちです。

そうならないために、場に応じた有効なビジュアル表現を活用することも大切です。ビジュアル表現は、次の3つに分けられます。

①「文章の資料」「レジュメと箇条書きの内容と図表」などの配布
②フリップボード、板書、見本などの提示
③ビジュアルツール（パワーポイント、フリップボードなど）による提示

ただ、これらに共通して言えるのは、いずれの場合も、資料やフリップボードやパワーポイントは、**主役ではなく脇役である**ということです。

言い換えれば、ビジュアル表現の方法は、**あくまでも補助的な手段であり**、口頭表現だけではわかりにくいところを補う方法であることを肝に銘じておきましょう。

ある街の都市計画の説明会に参加をしたときのことです。立派なカラー印刷の資料が配

布されて、完成予想図まで書いてあるのですが、説明される方は、最初に「お手元の資料に基づき説明をいたします」と言われたあとは、資料を一心に見て説明されるだけでした。聞いている側は、そのうちどこのページかわからなくなって、資料をパラパラめくりはじめたのですが、話し手はそれに気づきません。

こうなると、わかりやすさを補ったつもりの資料がかえって邪魔をしてしまって、口頭だけの説明のほうが聞きやすかったかもしれないということになってしまいます。

また、最近はパワーポイントの説明、報告が一般的になってきました。ツールの機能に凝ってしまい、わかりやすさを補完する手段としてではなく、アニメーションの凝りすぎなど、本末転倒になってしまっている発表も見受けられます。

パワーポイントをはじめて見たときは、「おお！　すごい！」と感じ、表現も豊富にできるなと思いました。

しかし、しばらく自分でも発表で使ってみて、あるいは、人の使い方、発表を見て、「ちょっと待てよ。聴衆を置き去りにして自分の世界に入りすぎているのでは？　自分の趣味や好みが強くなって、本人はツールを楽しんでいるが、聴衆はうんざりしているのでは……」

と思うようになりました。

一気にプレゼン能力が向上したかのように思ったのは**錯覚**であり、実は、プレゼン能力の差ではなく、ツールを使う習熟度の差であったと、数年後には気づく人が出てきました。現在でも、残念ながら、まだまだツール頼りのプレゼンテーションをされる方も多くいます。**「ビジュアルツールは、あくまでも補助的な手段である」**ことを肝に銘じておいてください。

◎ビジュアルツールを使うときの留意点

左に代表的な、パワーポイントを使用する際の留意点を挙げておきますので、参考にしてください。

この留意点を参考に、他の人の発表もチェックしてみてください。

「そうだ、自分もやっているな」と、「人の振り見てわが振り直せ」のように、気づくことが多いのではないでしょうか。

スライド作成時の留意点

❶ 表紙の次に、目次を入れる	⇨ 発表全体のアウトラインを予告する
❷ スライドの枚数で圧倒しないようにする	⇨ 1枚あたり、30 秒から1分間を目安に
❸ 文字は、箇条書きで、大きく	⇨ 文字のサイズは、20 ～ 24 ポイントに
❹ 背景は、内容を邪魔しないようシンプルに	⇨ 白紙や濃い青、緑など単色で
❺ 適度のアニメーションを使って集中させる	⇨ 意味のあるアニメーションの動きにする

発表時の留意点

❶ スクリーンに向かって話さない	⇨ 聞き手とＰＣ画面を見て発表
❷ ポインターを使うときは、オープンスタンスで	⇨ 聴衆に向かう指し方（背を見せない）
❸ 双方向のコミュニケーションを忘れずに	⇨ アイコンタクトや問いかけを
❹ ブラック・スクリーンを活用	⇨ スライドにない話をするときは、文字なしを表示
❺ 指示棒で遊ばない	⇨ マウス、レーザーポインターをくるくる回さない

第４章　まとめ

①「音声表現」「非言語表現」「ビジュアル表現」は、
話の内容構成や話し方の方法と同じくらい大切
②声は話し言葉の生命。声が話し方の印象を左右する
③人は見た目に強く反応する。相手の見た目は、鏡に映った自分の姿
④ビジュアルツールは、あくまでも口頭表現の補助的な手段

第5章

失敗を限りなくゼロにする準備力

1 「あがる」くらいがちょうどいい

緊張は相手にいいイメージを与える

◎あがり症は思い込みがつくり出す

「あがり症」と表現をすると、何か病的なもので、悪い印象を受けてしまいますが、あがり症で本当に困っている方は、私がこれまで話し方の指導をしてきた経験のなかでも、1%にも満たないと思います。

私は年間で、3000人くらいの方々に、コミュニケーション、スピーチ、説明力、プレゼンテーション、ディベート、交渉力、説得力、リーダーシップ、マネジメントなどの研修を行なってきました。そのなかで本当にあがってしまって、立ち往生してしまう方は、わずか2、3人というのが実感です。

ただ、スピーチで、「私はあがり症で……」と発言されたり、アンケートに「あがり症」

「あがり症」と思っているのは自分だけ!?

まわりからは落ち着いて見えている

と回答されたりする方は、参加者の３～５割と思っている以上にたくさんいます。

ところが、実習中に、参加者同士で他の参加者に対してスピーチの感想やコメントをしていただく場面で、「私はあがり症で……」と言った方に対する他の参加者からの感想は、９割以上が、**「ご本人はあがり症とおっしゃっていますが、あがっているようには見えません」**というものです。

自分があがり症だと手を挙げて、他の人から「そうは見えません」と言われた方が、今度は自分が感想を言う番になったら、「そうは見えません」と言い、双方苦笑いということも少なくありません。

「そう見えていないのですか？　いや、本当にあがり症なのですよ……」と、うれしそうな顔をして反論されますが、そんなやりとりをするだけでも、**9割以上の方は、最初のハードルをクリアしたと言えます。**

9割の方は、ちょっと自己意識が前のめりになっているか、完璧主義か、あがり症と思い込んでいる方などで、**「普通に緊張する程度」**になれば、あがり症と思っていない方と同様に話せるようになります。

緊張は話す準備ができていることの証拠

◎あがりは意欲の表れ

前述したように「自分はあがる」と思っている人のほとんどは、「あがり症」ではなく、あがりやすい性格、**「あがり性《しょう》」**と言えると思います。

人前で話すと、誰でもあがって当たり前なのです。

家族や親しい人との日常会話は別にして、人前で本当にあがらずに話せる人がいたら、それは何か熱意や意欲のない、聞き手も本気で聞くことができない話し方になるでしょう。

歌手の和田アキ子さんは、たいへんなあがり性だそうで、ステージに出るまで、まわりを巻き込んで、大騒動だそうです。

テレビやラジオでの堂々とした和田さんしか知りませんので、最初は信じられませんでしたが、プロはあがるくらいまで、完成度を上げてステージに臨むのだなと納得しました。

実は、話し方研究所では、**「あがったら、しめたと思え」**と研修に参加された方々に伝えています。

「あがり」は意欲の表れであり、緊張するくらいの状況・気持ちになってきたら、人前で話す準備ができたと思ってみましょう、ということです。

プロでもあがります。あがりを何か悪いことのようにとらえずに、あがりは人前で話せる準備が整ったよい知らせ、ちょうどいい状態になってきた信号と考えましょう。

あがらなくなったら、かえって要注意というくらいに考えてもいいと思います。

あがりの原因チェックリスト

あがりの原因チェック	チェック項目
❶ 人前に立つと思うだけであがる	
❷ 失敗の経験がトラウマ（心的外傷）になっている	
❸ あがり症と思い込んでいる	
❹ 心配性、気弱	
❺ 自己流で話している	
❻ 自信がない	
❼ 小さな声で、早口で話す	
❽ 場数が少なく、場慣れしていない	

緊張には8つの原因がある

◎原因を突き止めることで改善される

あがり症と思っている方のあがりの原因は、上の8つにまとめることができます。

これは該当する原因の反対を実行すれば、改善ができるとも言えます。

次の項で詳細を説明します。

あがり性の9割は改善できる

◎解決の最初のステップは気持ちから

では、解決方法をお伝えしていきます。あがりの原因の改善策は、上の表の①〜③項と④〜⑧項に分けて考えることができます。

①～③項の改善策は、**「気持ちを変える」**ことで、④～⑧項の改善策は、**「準備と話し方の基本を身につける」**ことです。

人前で話をするのが苦手だという方は少なくありません。苦手意識をつくるのは、話すこと自体よりは、その場面に臨む気持ちの問題が障害になっていることがよくあります。

まず、**「緊張するのは当たり前、上手な人もあがっている」「流暢に話すより、思いを伝えることが大切だ」**と思って気持ちから変えましょう。

１つ目の**「気持ちを変える」**ための方法は、次の通りです。

①人前に立つと思うだけであがる

対策

▼多少のあがりは、誰にでもあることで、自分だけではないことだと認識する

▼過度に成果や評価を意識しないで、日常の延長線上の気持ちでいる

▼冷静さを失うと、不思議と、人前に立つ前から、動きがセカセカしたり、早口になったりするので、話をする前から、**動作をゆっくり、話す速度もゆっくりすること**を意識する

②失敗の経験がトラウマ（心的外傷）になっている

対策

▼何回も場数を踏んでいくなかで、成功体験を積み上げていく

▼話し方の基本を学習したり、話し方の教室に通ったりして、経験を日常のなかで積み上げていく

③あがり症と思い込んでいる

対策

▼自分はあがり症と手を挙げた方の9割が、「あなたは、あがっているようには見えないよ」と言われている事実を思い出す

▼自分はあがり症だと思わず、プラスの暗示をかけて、自信を持つ

▼気持ちの問題は、気持ちの持ち方で変えるのがいちばん

講座に参加されたWさんも、「言われてみればそうですね。気の持ちようですよね」と言い、まさに気持ちを切り替えるきっかけになったようです。

研修が終了する頃には、他の方からも、「もともとあがってはいなかったのですが、さ

あがり性は気持ち次第で改善できる!

あがり症と思い込んでいたが……

気持ちを変えたら

らに自信がついてきました」とコメントをいただくほどになりました。

Wさんを変えたのは、気持ちの切り替えをした、ただそれだけだったのです。

次に、2つ目の**「準備と話し方の基本を身につける」**ための対策は、次の通りです。

生まれつき話が苦手な人はいません。**トレーニングをして場数を踏めば、おのずと上達します。**

④心配性、気弱

対策

▼心配性、気弱な人なら、**人の3倍、準備とリハーサル**をすることが大切。ただ心配をするだけで、自分でできる対策を放置している人が多い

▼実際に、「そうだ、言われてみると、自分なりに、これでよしというところまで準備をしたことがなかった」「結局、いつも不安を持ったままその場に臨むので、その分緊張するのだ」と認識することが必要。すると、まわりも認めるくらいに改善効果が現れる

⑤自己流で話している

対策

▼何事にも基本があります。基本を学んで身につけることで、自己流から脱却し、自分が安心できる（あがらない）話し方を身につけることができる

▼本書を読んで、話し方の基本を理解して、実践する

▼話し方の講座は、いろいろな所で開かれているので、まずは、月に2日くらいでもいいので、1年間通い続ける

私の経験からも、学ぶことの楽しさと、成長を実感できるすばらしい時間になることは間違いありません。

⑥自信がない

対策

▼自信をつけるには、④の準備とリハーサルと、⑤の基本の習得実行に尽きる

▼自信が持てるような状況を、自らつくり出す

⑦小さな声で、早口で話す

対策

▼あがり症の多くは、小さな声で、早口で話す傾向がある。私自身、大きな声で、ゆっくり話すあがり症の人に出会ったことがない。とにかく、大きな声で、ゆっくり話すこと

▼話し方を変えるだけで、気持ちも変わる

⑧場数が少なく、場慣れしていない

対策

▼職場やいろいろな活動の本番で失敗するのは、誰でも嫌なこと。⑤で触れたように、学校で習ってこなかったことは、講座に参加をするなどして、そこで、うまくいったり、失敗をしたりして、場数を踏むのがいちばん

知人のMさんは、20代の頃、友人の結婚式でスピーチを頼まれ、当日までに、準備をして練習もして臨まれたそうです。

ところが、冒頭にお祝いの言葉を言ったあと、頭が真っ白になってしまって、言葉が何

も出なくなってしまったそうです。

その失敗がずっとトラウマになり、あがり症、苦手意識から、人前で話すのを避けてきたそうです。向学心の強いMさんは、40代になり、ビジネスのスキルアップをするため、いろいろ勉強するなかで話し方の勉強もはじめたそうです。

その結果、トラウマを克服し、現在は、話し方をはじめ多岐にわたって講演・講義をして全国を回って指導する講師として活躍をしています。

あがり症だと思いつめずに、以上の対策を参考に、自分に合ったやり方でぜひ実行してみてください。課題を克服するために、努力をすれば、必ず結果はついてきます。

2 準備は緊張への即効薬

「緊張」と「準備」の悪循環は今すぐ見直す

◎十分な準備があがらない最大の方法

自分で、「あがり症なもので……」「話し下手なもので……」という人は、準備不足の人が多いと私は研修中などによく感じます。

研修で次のような声をよく聞きます。

▼「不安が先にたって、準備らしき準備をしていなかった。結果として、準備不足だから不安になり、不安があがりにつながっていた」

▼「研修のなかで集中して準備をして実習に臨んだら、意外と落ち着いて話したり、説明したりできるものだと実感した」

▼「準備を繰り返し、実習を行なったら、２日目の研修は、あまりあがらずにできた。仕事でもこうなればいいのですが……」

▼「他の人に比べて、準備のスピードが遅いと実感した。準備が遅いので、いつも中途半端な準備で終わっていたのだと思う」

▼「準備になれていなかったということは、日頃、準備のためのトレーニングをしていなかったのだと気がついた」

あがり性だからあがるのか、準備不足だからあがるのか。その答えは先述したように、「準備すれば、あがり性は９割軽減する」と言えます。そのあがる原因を取り除いていく最大の方法が、十分な準備であると言っても過言ではありません。

まさに、慎重に万全の準備をしておけば、気持ちも楽になり、あがらずに話の場に臨めます。

経験と知識の不足は「準備」でカバーできる

◎あがりをつくる3つの原因

あがりは、

①基本の勉強をしていない
②場数の経験が少ない
③準備が不十分

以上の3つが大きな原因で、とくに①②を理由に挙げる人が多くいます。

ところが、**③の準備の不十分がもとで、あがっているのだと自覚をされている方は少ないのも事実です。**

もちろん、①②の原因も大きいと思いますが、「準備」という原因を認識せず、いわば、逃げてしまって、すぐには解決のできない原因のせいにしまうと、いつまでたってもあがりの克服はできずに、悪循環を繰り返すだけです。

誰でもあがるものです。〝あがるくらいでちょうどいい〟と思って、自信を持って話しましょう。

現在、本書を読んでいただいていることをキッカケに、説明や発表などの場ができたら、まずチャンスととらえて、そこで十分な準備をして、成功体験を増やして、悪循環から脱出してください。

あがり性は、性格的な要素もありますが、**準備ができていないと、どんなに強靭な神経の人でもあがります。**

楽観的に準備をして、悲観的にその場面に臨むから、あがるわけです。

ぜひ、悲観的に準備をして、楽観的にその場面に臨めるようにしてください。次節で準備の方法について、もっと詳しく解説していきます。

3 悲観的に準備し、楽観的に実行する

準備のときは「心配性」になりきる

◎「話し方」の成功を左右するのは準備9割・本番1割

国家の危機管理について、かつて内閣総理大臣官房・内閣安全保障室長だった佐々淳行《さっさあつゆき》氏は、「悲観的に準備し、楽観的に対処す」と言っていました。

危機管理の考え方は、話し方の準備についても言えることで、発言、説明、報告、発表のような場面で、「失敗した……」という危機を回避するには、〝これでもか、これでもか〟と準備をしておけば、本番当日は円滑に対応できるのではないでしょうか。

そのような意味で、話し方の準備も、「悲観的に準備し、楽観的に実行する」と言い換えることができます。

私たちは、できれば「楽に準備したい」「効率よく準備したい」「当日何とかなるだろう」と考えてしまいがちです。楽観的に準備をして当日に臨むと、あわてふためいて対処をしなければならなくなり、かえって負担が増えたり、落胆したりで、いいことはありません。

たとえば、楽をして効率よく準備したつもりが、報告会で結果がうまくいかずに、宿題を背負わされ、「こんなことなら、もっと準備をしておけばよかったのに……」と、準備段階で楽をした分、実行段階と事後処理に何倍もの苦労をすることになります。

結局、あと追い仕事になってしまいますので、気持ちも乗らず、ストレスもたまり、かえって効率も悪くなってしまいます。

そうならないためにも、準備にあたっては、「これでは不十分だ」「もっと掘り下げよう」「もっと周辺情報を収集しなければ」など、**心配性に徹して、悲観的に準備をし**、準備の完成度を上げておくことが大切です。

話し方で成功するかどうかは、「準備９割、本番１割」と心得て対処しましょう。

地味な準備がすごい結果を生む

◎プロに学ぶ準備の心構え

準備に関して野球のイチロー選手は、インタビューなどで、

「〝準備〟というのは、**言い訳の材料となり得るものを排除していく、そのために考え得るすべてのことをこなしていくということ**」と言っています。

ここまで自身を追い込んだ準備、練習があったからこそ、今の実績があるのだと感銘を受けました。

「よくないプレーをしてしまったら、おそらく後悔が生まれてしまう。後悔しないように、そういう要素を全部なくしておきたい。そうしておけば、どうしてダメだったかという理由もわかりやすい」

とも言っています。

人それぞれに性格や考え方が違いますが、いずれにしても、何のために準備をするかという視点で考えれば、「きちんと準備をして結果を出す」という目的は、同じだと思います。

最小限の準備で最大限の効果が上がれば、それは誰もが望むところではあります。

しかし最小限の準備で臨んだ場合の結果は、あたかもハイリスク、ローリターンを選択しているのと同じようなものです。

「要領のよい準備の方法などない」

「準備は、地道な努力の積み重ね」

「努力して万全の準備で臨むことで、結果はついてくる」

と心得てください。

自分の準備力を客観視する

◎"何とかなるさ"がいちばん危険

自分の準備力を知らないと、他からみると万全ではないのに、本人は、そこそこ準備をしたと思ってしまうことがあります。

研修に参加される方に、事前に準備をしていただく場合があります。参加者の準備状況の平均は、だいたい以下のようになります。

▼十分に準備をした方…………3割
▼ある程度準備をした方…………5割
▼ほとんど準備をしてこなかった方…2割

準備をしてこなかった2割の方は、準備をしていないことを認識していますが、問題なのは、ある程度準備をしてきた5割の方です。

よくあるのが「まあ何とかなると思った」「この程度で、大丈夫だと思った」というパターンです。

私が、「忙しかったので、十分に準備ができなかったのですね」と言うと、「だいたいこんな状況です」という答えが返ってきます。

残念ながら、このような方は研修だけでなく、仕事も同じような傾向にあるのではないでしょうか。まず、**「準備は十分にしなければならないものだ」**と再認識、再確認をしていただくことが必要です。

しかし、認識だけでは、なかなか結果が出ません。どのくらい準備をすればよいか、実際に行動してみて自分の準備量を知ることからはじめましょう。

◎準備のオーバーラン法

完璧な準備をするために、少しずつ試していたのでは、なかなか必要な準備量が見えてきませんので、**一気に従来の3倍の準備をすることをおすすめします。**

なぜ、３倍かというと、どんなに準備の苦手な人であっても、１００％を超えて３００％の準備（オーバーラン法）をすれば、準備不足になることはなく、最高の準備ができるからです。オーバーランをしないで、少しずつ試みを繰り返しても、なかなか、「準備の到達点」には達しません。

それに対して、「そこまでしなくてもいいのでは？」というくらいの準備をすれば、「準備の到達点」を超えやすく、**超えてはじめて自分に必要な準備量を知る**手がかりがつかめます。

しかし、常に3倍の準備をしていくことは、現実的に無理がありますので、少しずつ減らしていくと、自分の適切な準備量がわかってきます。

たとえば、「今までの2倍の準備をしなければ、100％の完成度にはならないとわかった」とか「1・5倍準備すればよかったのだ」などというようにわかってきます。その自分に必要な準備量に合わせて準備をすれば、成功する確率は大きく高まります。

とはいえ、忙しいなかで、いつも100％の準備はできないことも出てくるでしょう。そのときは、どこまでやれば大丈夫かわかったうえで、手を抜けばいいのです。**自分の準備量を知ったうえでの手抜き**は、ただの手抜きではなく、準備力が向上したからこそできることです。

まず一度、重要度の高いテーマのときに、3倍の準備をして成功体験を得てください。それにより、自分の準備力もわかってきますので、「成功体験」と「準備力の把握」の両方が得られ、一石二鳥と言えます。

私自身、準備力が低いので、人の何倍も準備をしないと、発表や研修に臨めません。もっと効率よくしたいと思うこともたびたびありますが、自分の説明やプレゼンテーション、講義の質を高くするためにも、十分に準備をするように努力をしています。

孫氏の兵法に、「敵を知り、己を知れば百戦危うからず」という言葉があります。

私たちも、準備すべき内容を十分に知り、さらに自分の準備力も知ったうえで、事に臨みましょう。

自分のタイプに合った準備法を知る

◎準備に対する４つの傾向

人それぞれに性格があるので、一律にどれがいいとか悪いなどとは言えない面もありますが、自分の傾向を知ったうえで、「万全な準備」をする必要があります。

準備に対するタイプには、「前倒しタイプ」「先送りタイプ」「自己管理タイプ」「依存タイプ」の４つがあります。あなたは、どのタイプでしょうか。

自分のタイプを知ったうえで、話す内容の質を上げるための準備をしてください。

①前倒しタイプ

前倒しタイプは、期限から逆算をして、余裕を持った計画に沿って、早め、早めに進めていくタイプです。部下や後輩がこのタイプの場合は、まかせて安心です。

ただ、発表や説明会当日までに、背景やテーマの変更などの状況の変化があると、自分のリズムを壊されてしまうので、困惑して再スタートするための助走に時間がかかってしまう傾向があります。

このタイプの場合は、予定変更などにも、柔軟な対応ができるように心がけたいものです。

②先送りタイプ

先送りタイプは、報告や発表の日時が近づいてきても、「まだ1週間あるから」「まだ3日あるから」と先送りをして、間近になって、あわてふためくタイプです。

このタイプは、結果として失敗をする確率が高く、また、共同作業でまとめて発表をするような場合には、まわりにも迷惑をかけてしまいがちです。

以前いた会社の同僚だったDさんは、前日になって集中して準備し、当日までにつじつまを合わせてこなすのが得意でした。

準備は計画的に

準備を計画的にした場合、落ち着いて話せる

準備不足だと土壇場であわててしまう

私がDさんと一緒に仕事をしたときには、結果的になんとかうまくいっても、リズムが合わず、あわてふためいて当日対処しなければならないことがよくありました。

Dさんは、意外と平気そうでしたが、私は胃が痛くなる思いをしました。

Dさんの方法で、いつもきちんとできれば、それもやり方のひとつですが、非常にリスクの高い方法だと思います。

先送りタイプの人は、当日あわてないように、「あと10日しかない」「面倒なことは、先に終わらせよう」「準備をしておかないと、うまくいくことはない」くらいの意識を持って準備に臨んでいただきたいと思います。

いつも、**「聞き手、受け手の期待を裏切らない」「自分の達成感」「自分の生き方」**に対する視点を持って、きちんと準備をして対応する心構えを持ちましょう。

③自己管理タイプ

自己管理タイプは、決まった期限に向けて着実に進めていくタイプです。

ただ、安心したままでフォローをしないと、上司や先輩が関心を持っていないのではと心配になる傾向がありますので、まかせきりにしないで、関心を持って、確認程度のフォローは必要です。

自己管理をうまくできる背景には、他者の関心・評価を意識する傾向が強いところがありますので、このタイプの場合は、あまり、他者の関心・評価だけを意識しすぎないようにしたほうがよいと思います。

④依存タイプ

依存タイプの人は、期限の認識はしていますが、認識の度合いがぼんやりとしていて、準備計画もあるような、ないような人が多いと私の経験上、思います。

依存タイプの人に対しては、本人よりまわりが心配になって、フォローを入れますから、本人もそれをあてにして、悪循環になってしまいます。

依存タイプの根っこには、「甘え」という原因があると思います。

依存タイプの方は、準備も遅れがちになる傾向がありますので、ここいちばんの報告や発表の場合は、甘えの気持ちを払拭して、準備計画をきちんとつくって、人の見えるところに貼り出して、まわりの力を借りて、自己管理の強化をしていきましょう。

4 話し方の準備はこう進めよう

聞き手を知る

◎聞き手を知るためのチェックポイント

私たちは、人に説明をしたり、自分の意見を言ったりするときに、「自分の言いたいことは十分か、伝えきれていないことはないか？」とまず考えてしまいがちですが、**重要なのは、聞き手（聴衆）であって、自分ではない**と考えを切り替える必要があります。

昔の営業スタイルに、「しゃべりの営業」というものがありました。

準備した商品の特徴やよさを営業の人が一生懸命に話術をもってＰＲしていくスタイルです。現在では、まずお客様のニーズに耳を傾けて、お客様のことをよく知ったうえで商品やシステムの提案をしていく、「聞く営業」に変わってきています。

準備も、それと同じように、聞き手をよく知ったうえで、話の準備をすることが、効果

聞き手を知る（聴衆分析）チェックポイント

チェック項目	項　目	内　容
❶	聴衆の年齢構成は	○○歳～△△歳　平均××歳
❷	聴衆の男女比は	男女比　○：△
❸	聴衆の聞く目的は	（例）業務上、自分の関心
❹	聴衆の興味・関心は	高い　普通　低い
❺	聴衆の理解レベルは	高い　普通　低い
❻	聴衆の人数は	○○名
❼	話をする時間帯は	午前、午後、夕方（時間）
❽	聴衆の中にキーパーソンは？	いる、いない、一般
❾	聴衆の地域特性は	ない、ある（風習など）
❿	とくに注意を要する点は	（例１）上層部も出席する場 （例２）新婦側の祝辞で、新郎側に、競合会社の参加者がいる

的な準備のカギと言えます。

チェックすべき主な内容は、「聞き手はどんな人か」「聞き手の興味・関心は何か」「聞き手の人数（1対1か1対多数か）は」などです。

これらの項目を何も知らないで準備をすることは、行き先も決めずに、地図もなしに、やみくもに車を走らせるようなものです。

準備の全工程を把握する

◎最後は準備の積み重ねがものを言う

準備は、直前になってゼロからはじめると、資料をかき集めたり、聞き取りをしたり、バタバタのスタートになってしまいますので、対応力が低くなってしまいます。そうならないためには、日頃から準備をしておくことが必要です。

日頃から情報収集のためのアンテナの感度を高くして、必要な知識の引き出しを充実させておき、たとえば1分間でウンチクを傾けることができるくらいにしておくと、実際の準備もスムーズに開始できます。

ピアニストの方が、「１日練習しないと、元へ戻るには２、３日かかり、２日間練習しないともっとかかる」と言っていました。１年３６５日練習をして本番もこなしている方ですから、１日くらい練習しなくても平気だろうと思っていましたが、そうではないそうです。私たちも日頃の準備の大切さを再認識しましょう。

◎準備は俯瞰的にポイントを押さえる

実際の場面とテーマと聞き手（聴衆）が明確になったら、準備に取りかかることになります。

方法は人によって異なりますが、「俯瞰《ふかん》的準備」と「積み上げ式準備」があります。

私が以前いた会社の同僚のKさんは、非常に丁寧な仕事をする人で、「積み上げ式準備」タイプです。細部から準備をして理解を深めてからでないと、本題の準備に着手ができない性格の人でした。

まわりも「大丈夫かな？」とハラハラしながら様子を見ていると、上司から中間報告を求められました。準備の助走段階の報告しかできないので、「そんな細かなことはいいから、早くまとめるように」と叱責をされることになります。

当のKさんは、「性格だからしかたがない、細部もきちんと調べてからでなければ、先には進めない」と遅くまで準備をして、徹夜をすることもありました。

このように全貌が見えないまま準備に突入すると、余計な時間がかかることになります。全貌と骨格が描けていないので、まわりも分担して手伝うことができずに困ってしまいます。

やはり、準備は「積み上げ式準備」ではなく、「俯瞰的準備」が効率的です。

「俯瞰的準備」あるいは「鳥瞰《ちょうかん》的準備」とは、詳細部分に目をやるのではなく、鳥の目の視点で高所から全体を眺めて準備をすることです。

たとえば、職場での仕事の発表の準備があるとします。**まず、全体構想を強くイメージしながら骨格を固めていくことに注力します。**

誰を相手に、どんな目的で、何を発表していくかという骨格を自分なりに考えていく必要があります。

細部が気になってしまうことも多くありますが、それは一旦脇に置いて、全体の把握に特化することが大切です。そのときに、ただ脇に置くだけではなく、気になったことは、別にきちんとメモをしておき、詳細準備のときに活かしてください。

全貌が描けたら、この段階で、上司に中間報告をし、方向性や内容（骨格の大筋）の確認をすることが大切です。

ここで確認をしていないと、上司の考えや意図と違った準備をしたことになり、やり直しになってしまいます。

なかには、部下に最初から考えさせて、まとめたものを見て、そこで一から考えはじめるタイプの人もいますので、その場合は要注意です。

私が以前いた会社のＴさんという上司は、部下の自主性や自発意識を喚起するような言い方をしていながら、部下がまとめたものを見てはじめて考える人でした。それゆえ、ダメ出し、修正、ダメだし、修正の連続で、「それなら、最初にもっと考えを教えてくださいよ」と何人もの部下が言う場面がありました。

最初はそれがわかりませんでしたので、たいへんな苦労をしたことを思い出します。

そうならないためにも、全体構想を確認しながら、全貌を固めてから、細部に入っていくことを強く意識をしてください。

準備の実行は一気に進める

◎準備は一度、中断すると元に戻ってしまう

準備をする段階になったら、準備に集中できる全体の段取り、環境づくりが必要になっ

てきます。

集中できる環境を整えないではじめると、何回も中断して、何回もスタートラインに着き直すことになりますので、ほとんど前進しない状態になってしまいます。

たとえば、車の免許をとった方でしたら、教習所に通っていた頃を思い出してみてください。

教習所に1週間に1回くらいしか行けない人は、翌週に行ったときは、学んだことが先週の開始時に限りなく近い状態に戻ってしまい、なかなか修了のハンコがもらえず、何回も同じところで足踏みすることになります。

私も日頃から準備は一気にやるように努力をしていますが、本書の執筆期間に仕事や用事が立て込んでしまって、手をつけられない時期がありました。

1週間が、2週間に……と原稿を考えない時間が続くと、再スタートがたいへんでした。完成していたつもりのところまで記憶が曖昧になってしまったからです。

それゆえ自分の反省からも、仮に1週間手がつけられない状況であったとしても、2日に1回くらいは、準備の内容をパラパラでも見るようにする必要があると実感しています。

何よりも**一度はじめたら、一気に準備を加速させ、完了まで持ち込むことです。**

日々の生活で並行処理能力を鍛える

◎準備力を鍛える機会は日常生活にもたくさんある

なぜ、女性が準備力・段取り力が高いかというと、その理由の1つは、**日々の家事による訓練**ではないかと思います。

親もとにいるときも、女の子の多くは母親の手伝いのなかで料理の段取りから、つくるところまでを経験します。男の子は、料理好きでない限り、つくってもらったものを食べるだけなので、ここが準備力、段取り力の男女差の起点ではないかと考えています。

女性はそのような基礎訓練をしたうえで、社会人になって、家庭を持って家事をこなしながら仕事をするわけですから、さらに差がついていきます。

もう少し詳しく女性の仕事を見てみると、掃除洗濯、食事の準備、子どもの世話、自分の支度など、毎日、短時間のなかで**仕事の並行処理**をしています。

なかでも、料理の準備・段取りと料理づくりは、日頃の買い物という準備からはじまり、家族の好みや食事時間を考えながら急な訪問客にも対応するなど、**先延ばしにできない状況での厳しいトレーニング**が続くわけです。

男性も仕事の並行処理が苦手なわけではないと思いますが、「やりたくないから、やらない」とは言えない女性の家事のような環境ではないので、男性はまわりをほったらかして目先のことに集中してしまうことが多いと思います。

一概に男女の差と決めつけるわけではありませんが、この差を私は素直に認めざるを得ないと思っています。

準備力を上げるために、男性もたとえば掃除、洗濯、買い物、食事づくりなどの段取り・準備を経験して、準備力・段取りを学ぶ必要がありそうです。

リハーサルの効果を上げる4つのポイント

◎準備の質を上げる4つのポイント

小学校の運動会の演技や体操などで、練習・準備の状況は、自分もまわりの人にもわかりますので、練習・準備の完成度がよくみえます。

一方、話し方の準備の状況は自分にしかみえないので、リハーサルをして、完成度のチェックをする必要があります。

リハーサルと言われると、何か面倒くさいと思うかもしれませんが、リハーサルをしないで本番に臨んで、赤恥を書いたり、評価を下げたりしたら、それこそ最悪な結果になります。

リハーサルは、本番での結果をよいものにするために行なうものだと理解しましょう。

リハーサルのポイントを挙げると、次の通りです。

①自分１人で、声を出さずに、頭の中で確認しただけではリハーサルではない
②リハーサルは、複数の人の前で実施し、感想をもらって微調整する
③できれば、発表内容の理解度の低い、関係者以外の人に聞いてもらうのがよい
④内容を知らない人でも、わかるようになるまでやると本番の成功確率が高くなる

準備は成功のカギであることは間違いのないことです。周到な準備をして本番に臨んでください。

第５章　まとめ

①あがったらしめたと思え
②あがり性の９割は改善する
③あがり性は、準備で改善される
④準備は、心配性に徹して、「悲観的に準備し、楽観的に実行する」
⑤準備とは、言い訳の材料となり得るものを排除して、そのために考え得るすべてのことをこなしていくこと
⑥準備９割、本番１割
⑦準備は、前倒しで計画し、自己管理で遂行する
⑧〝何とかなるさ〟がいちばん危険。周到な準備に徹する
⑨要領のよい準備の方法などない。準備は、地道な努力の積み重ね
⑩努力して万全の準備で臨めば、結果はついてくる（準備は成功のカギ）
⑪日頃の準備がものを言う
⑫準備は、一気呵成に促進
⑬準備の終了は、リハーサルでの最終確認が重要

あとがき

最後まで読んでいただき、ありがとうございます。

本書でお伝えした話し方の2本柱である、「相手の身になる」「言いたいことを1分にまとめて話す」を実践していただければ、

「話をよく聞いてもらえるようになった」「話がスムーズに伝わるようになった」「誤解による言い争いが減った」「人間関係がよくなった」

などの変化を実感していただけるようになると思います。

そのうえで、話し方の技術をあなたの状況やキャラクターに合った形で、オリジナルの進化を加えていただければ、さらに効果を感じられると思います。

いろいろな場面で、「自分の意見が採用されるようになった」「提案や仕事の評価が上がった」「人に頼られるようになった」「重要な仕事をまかされるようになった」などの声を、研修を受けられた方からアンケートや口頭で伺ってきました。

実は、私が話し方の勉強を始めたのは30歳を過ぎてからでした。
理系出身で技術職だった私は、話すことに対する苦手意識がありました。そんなとき、会社で実施していた自己啓発講座のなかの「話し方講座」を目にし、一念発起して、参加しました。それから、無残業日の毎週水曜日、18時に、研修会場へ足を運びました。
参加者は40人くらいで、講義と自分で設定したテーマで3分間のスピーチをし、株式会社話し方研究所の講師の方のコメントをもらうという内容の講座でした。私はそれを1年間続けました。正直に言いますと、出席率は、修了認定の80%ぎりぎりでしたが、非常に勉強になり、技術者の仕事でも大いに活かすことができました。

話し方の習得に「これでよし！」ということはありません。話す相手と場面、内容は、常に変化し、同じであることはないからです。その意味では、話し方のスキルアップは、永遠の課題とも言えます。その課題に取り組まれるあなたのコミュニケーション力向上に、本書が、少しでも参考になれば、著者としてこれほど嬉しいことはありません。

２０１８年９月

山本昭生《やまもとあきお》

山本昭生（やまもと　あきお）
株式会社話し方研究所主任教授、NPO話し方ネットワーク理事長を歴任。現在、人材育成コンサルタントとして、社会人、大学生のコミュニケーション講座、就職面接講座を実施している。国立大学法人電気通信大学通信機械工学科卒業後、大手総合電機メーカーに入社。その間、1982年に話し方研究所のインストラクター資格を取得。1998年から会社の技術業務に加えて、社内研修の講師も担当。並行して話し方研究所の講師として、全国の国家公務員、地方公務員、日本銀行、公益財団、一般企業などで話し方講座の指南役を務める。著書に、『論理的に話す技術』『理工系のための就活の技術』『聞く技術』（以上、SBクリエイティブ）などがある。

言《い》いたいことを１分《ぷん》にまとめる技術《ぎじゅつ》

2018年９月20日　初版発行

著　者　山本昭生
発行者　吉田啓二

発行所　株式会社日本実業出版社　東京都新宿区市谷本村町３−29 〒162-0845
大阪市北区西天満６−８−１ 〒530-0047
編集部　☎03-3268-5651
営業部　☎03-3268-5161　振替　00170-1-25349
https://www.njg.co.jp/

印刷／厚徳社　製本／共栄社

この本の内容についてのお問合せは、書面かFAX（03-3268-0832）にてお願い致します。
落丁・乱丁本は、送料小社負担にて、お取り替え致します。

ISBN 978-4-534-05624-5　Printed in JAPAN

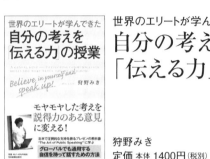

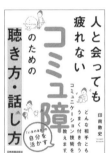